kailash

ALBERT
ESPINOSA

DIE ROTEN GEHEIMNISSE

Hör auf nur zu leben, fang an zu genießen

kailash

Die spanische Originalausgabe erschien 2016 bei Grijalbo
unter dem Titel »Los secretos que jamas te contaron,
para vivir en este mundo y ser feliz cada dia«

MIX
Papier aus verantwortungsvollen Quellen
FSC® C083411

Verlagsgruppe Random House FSC® N001967

1. Auflage
Deutsche Erstausgabe

Lektorat: Ralf Lay, Mönchengladbach
Illustrationen und Layout: Montse Galbany Armengol und Marc Cubillas Rabinat
Umschlaggestaltung: Daniela Hofner, ki 36, München,
unter Verwendung eines Motivs von Montse Galbany Armengol
Satz: Satzwerk Huber, Germering
Druck und Bindung: CPI books GmbH, Leck
Printed in Germany
ISBN 978-3-424-63141-8

www.kailash-verlag.de

Ich widme dieses Buch meinem Vater,
einem großen Lupfer.

Deine Lupfbälle haben mich glücklich
gemacht und am Leben erhalten.

Danke.

ALBERT

Vorwort

Das hier ist nicht einfach nur ein Buch, mir war das Niederschreiben dieser Zeilen ein echtes Bedürfnis.

Es gibt im Leben nämlich Geheimnisse, die man weitergeben muss, weil sie sonst keiner verrät. Leider steckt einem bei der Geburt niemand eine Gebrauchsanweisung für ein glückliches Leben auf diesem Planeten zu.

Dabei ist das eigentlich gar nicht so schwierig, aber das will uns niemand sagen. Die Leute finden es nämlich besser, wenn jeder seine eigenen Fehler macht. Ich hingegen möchte gern diese Geheimnisse weitergeben, die dir noch nie jemand verraten hat. Deshalb stelle ich hier die vor, über die ich im Lauf der Zeit gestolpert bin, und vielleicht teilst du dann ja deine eigenen Entdeckungen mit mir.

In diesem Buch findest du also all die Geheimnisse, die ich im Leben zusammengetragen habe.

Die möchte ich mit dir teilen, weil ich glaube, dass wir damit die Welt verändern können. Wenn wir die Mehrheit stellen, können wir mit all dem negativen, traurigen und zerstörerischen Denken Schluss machen.

Um zu leben, muss man leben, vergiss das nie.

Dieses Buch hat drei Kapitel, die dazu da sind, eingeatmet zu werden. Der ganze Text soll eingeatmet werden, vergiss das nie – lies es nicht, sondern atme es ein.

Im ersten Kapitel findest du alle roten Geheimnisse über das Glücklichsein, die dir noch nie jemand verraten hat. Diesen Text hab ich in einem Stück runtergeschrieben. In der Nacht nach dem Tod meines Vaters bin ich plötzlich aufgewacht und hab gespürt, dass ich diese Geheimnisse weitergeben muss. Auf jeder Seite stehen nur wenige Worte, dafür aber in großen Buchstaben, so wie ich sie in meinem Kopf gesehen habe. Das waren wohl nicht nur meine eigenen Ideen, sondern auch die von meinem inneren Ich. Ich hab ein ganzes Heft damit vollgeschrieben und wusste dann, dass ich das erste Kapitel eines Buches vor mir hatte. Diesen Text wollte ich nicht noch einmal überarbeiten, weil ich die Essenz dieses Rohmaterials so weitergeben wollte, wie es mich in jener Nacht erreichte, wie man es mir zugeflüstert hatte.

Das zweite Kapitel enthält Geheimnisse über das Leben auf Erden. Jedes davon wird in einem Satz zusammengefasst und von einer kleinen Gebrauchsanweisung begleitet. Für einige Leser reicht der Satz an sich vielleicht schon, andere finden die kurze Erläuterung wohl hilfreich, und dann gibt es bestimmt auch Menschen, die den Satz selbst anwenden und ihre eigene Theorie dazu entwickeln möchten.

Kapitel zwei ist auch eine Erweiterung von Kapitel eins, deshalb gibt es Dinge, die im ersten Kapitel nur angeschnitten und im zweiten dann weiter ausgearbeitet werden.

Das dritte Kapitel besteht aus meinen süßen Scheren. Hier findest du Zitate, Fragmente und Empfehlungen. Was eine süße Schere ist? Das wirst du schon noch herausfinden, aber es ist eine Inspiration aus deinem Umfeld …

Das Buch endet mit einem Nachwort, das nichts anderes als ein letztes Ausatmen ist. Mehr will ich dir in diesem Moment noch nicht verraten, aber dieser Abschluss wird allem, was du in den ersten drei Kapiteln eingeatmet hast, einen Sinn verleihen.

Dieses Buch ist dazu da, dass du daran riechst, es verschlingst und einatmest, und ich hoffe, dass du beim Lesen genauso viel Freude hast wie ich beim Schreiben.

Ich wollte hier alles zusammenführen, wodurch ich mich lebendig fühle, alle hilfreichen Ratschläge aus meinem Leben, alle Geheimnisse, die ich entdeckt habe.

Ich überreiche dir diese Sammlung, damit du sie vervollständigst. Weil du sie vollenden sollst, ist in dem Buch viel Platz zum Malen und Schreiben.

Teilen und Geben ist einfach alles, lasst uns nichts zurückhalten. Geben ist die Grundlage, lass dich nicht durch Gerede über Ego, Ansehen und Hedonismus verwirren.

Wie jeder Mensch bist du ein Naturgesetz, eine so große Macht, dass sich unser Anliegen durch dich in etwas Unaufhaltsames verwandeln wird.

Die Kraft jedes Einzelnen, jedes Naturgesetzes, ist das Größte, was es gibt. Sie ist dein wichtigster Besitz und hilft dir dabei, dich auf dieser Welt niemals einsam zu fühlen.

Warum ausgerechnet jetzt dieses Buch?

Du denkst vielleicht, dass du hier ein Selbsthilfebuch in den Händen hältst. Und tatsächlich hat mir der Schreibprozess, der mir ein Bedürfnis war, ja wirklich geholfen.

Mein Vater ist an einem 17. September um 17.17 Uhr von uns gegangen, und mit ihm bin ich selbst ein bisschen gestorben und wiedergeboren worden.

Ich hatte mir einst versprochen, sieben Geheimnisse fürs Glücklichsein bis zu meinem Tod für mich zu behalten. Aber wie gesagt bin ich an der Seite meines Vaters ja gestorben und dann aus dem Reich der Toten zurückgekehrt. Daher scheint mir nun der richtige Moment gekommen zu sein.

Während der letzten Tage an der Seite meines Vaters hab ich die ganze Zeit überlegt, dass es dafür eigentlich ein Handbuch geben müsste. Einen Ratgeber, der dir hilft, wenn du deinen Vater verlierst. Ein Buch, das in solchen Augenblicken, den wichtigsten Momenten des Lebens, für dich da ist.

Wenn man zum Beispiel …
… seinen Partner verliert,
… einen Teil seines Körpers verliert,
… eine Hoffnung verliert,
… einen Sohn verliert,
verliert …
Dabei ist VERLIEREN doch dasselbe wie GEWINNEN.

Das sagt dir nur niemand.
Keiner weiß es, aber …
Verluste sind Gewinne.
Das ist das Fundament unserer Welt.
Es ist der Dreh- und Angelpunkt
fürs Glücklichsein.

Man hat dir beigebracht, nicht zu verlieren, traurig zu sein, nach dem Glück zu suchen, dich deinen Ängsten nicht zu stellen, den Mund zu halten, dich zu fürchten, nicht zu kämpfen, dich mit dem zu begnügen, was du hast …

Vergiss alles, was du bisher gelernt hast! Das bringt dir überhaupt nichts! Diese Regeln wurden nur gemacht, damit du nicht glücklich wirst, dabei aber auf keinen Fall aufmuckst.

An diesem Punkt musst du jetzt entscheiden, ob du dein Leben ändern und glücklich werden willst. Der Augenblick ist gekommen!

Wenn du nun weiterliest, wirst du dich für immer verändern, es wird nichts mehr so sein wie zuvor.

Aber ich muss dich davor warnen, dass die Draufhauer dich angreifen werden.

Von denen will ich jetzt erzählen: Ich sehe gern Tennis, und als Draufhauer bezeichne ich Menschen, die den Ball ohne jedes Risiko zurückspielen, ohne auch nur darüber nachzudenken, fast mechanisch. Draufhauer sind Personen, die nichts verändern wollen. Von denen gibt es auf dieser Welt Hunderte,

Tausende, Millionen, und die wissen nicht einmal, warum sie draufhauen.

Draufhauer kritisieren jede Veränderung. Sie werden dir versichern, dass wahres Glück überhaupt nicht möglich ist und dass du von neuen Sachen besser die Finger lässt. Ihrer Meinung nach solltest du mit dem Quatsch lieber aufhören, außerdem ist für sie verlieren verlieren und gewinnen gewinnen.

Diese Leute werden dir sagen, dass wir schließlich Verpflichtungen haben. Sie werden dich fragen, was denn aus dieser Welt werden würde, wenn wir uns alle frei von Pflichten und Wünschen selbst aussuchen könnten, was wir tun wollen.

Darauf kannst du einfach antworten: »Aber jetzt tut doch jeder genau das, was von ihm erwartet wird … Und was ist damit aus unserer Welt geworden?«

Die Draufhauer sind nicht wichtig, sollen die doch mit ihresgleichen ihre Bälle wechseln.

Du hingegen musst ein Lupfer sein und den Ball erreichen, bevor er die Erde berührt. Zu lupfen bedeutet, schnell und intuitiv auf das Leben und auf Ungerechtigkeiten zu reagieren. Es ist ganz wichtig, ein Lupfer zu sein. Man muss Risiken eingehen, das ist immer auf alles die Antwort.

Und eins solltest du noch wissen: Je mehr wir auf Seiten der Lupfer werden, desto weniger Draufhauer wird es geben.

Man gehört im Leben entweder der einen oder der anderen Gruppe an, mehr gibt es da nicht.

Lass es mich erklären: Um ein Lupfer zu werden und auf dieser Welt glücklich zu sein, solltest du dieses Buch nicht einfach nur lesen, sondern es einatmen. Es geht nicht darum, es durchzublättern und danach zu sehen, ob sich bei dir irgendetwas verändert hat. Du musst das ganze Leben einatmen und dann am Ende deiner Tage einmal ausatmen.

Darum dreht sich alles auf dieser Welt: Man atmet ein, um glücklich zu werden, um es jeden Tag zu sein.

Der Inhalt dieses Buches wird dich nicht verändern, solange du ihn nicht auf dich selbst anwendest, auf deine Art den Ball des Lebens entgegennimmst und lupfst. Und das machst du, indem du einatmest. Wer einatmet, verändert sich.

So einfach ist das also, und zugleich doch so kompliziert.

Wie kann es da sein, dass dir das noch nie jemand gesagt hat?

Es liegt daran, dass einem die wichtigen Dinge im Leben nie jemand verrät, die werden unter Verschluss gehalten.

Ich hab sie von Hunderten, Tausenden von Menschen gelernt, die jeweils ein kleines Puzzleteil entdeckt hatten und es in Gesprächen, in Büchern, Liedern oder einfach Szenen ihres Lebens hinterlegt haben. Ob du diese Bruchstücke zu einem Ganzen zusammensetzt, hängt von dir selbst ab, von dir als Naturgewalt, die sich erfüllen muss.

Ich geb dir hier Rüstzeug dafür mit auf den Weg, rufe dir in Erinnerung, dass du einatmen musst. Einatmen und lupfen.

Und eins würd ich gern noch hinzufügen: Die Leute fragen immer, fast wie aus Pflichtgefühl: »Wie geht's dir denn? Alles in Ordnung?«

Dabei wird davon ausgegangen, dass du bejahst. Die zweite Frage scheint schon auf die erwartete Antwort hinzuweisen.

Ich antworte darauf immer: »ICH ATME EIN.«

Wer einatmet, ist glücklich. Atme dieses Buch also ein, lies es nicht, sondern atme es ein. Dann erwartet dich auf Erden ein glückliches Leben.

1

Einatmen, um jeden Tag glücklich zu sein

Denk daran, dass du dieses erste Kapitel einatmen solltest. Lies es nicht einfach nur, sondern atme es ein. Die Seiten sind mit großen Buchstaben beschrieben, damit du sie gut einatmen, in dich aufsaugen kannst.

Du wirst Pfeile und Unterstreichungen finden, aber vor allem viel Platz zum Vervollständigen. Male in diesem Buch herum, notiere dir, was du brauchst.

Such dir eine Farbe aus und füg hinzu, was dir wichtig erscheint. Erschaffe deine eigene Art und Weise des Lupfens.

Ja, das hast du richtig verstanden, ich bitte dich, auf jeder Seite etwas beizutragen und Sachen zu markieren oder zu unterstreichen, wenn du sie für bedeutsam hältst. Dieses Buch braucht dich.

Zweifle nicht an, was hier steht, es geht ja nicht ums Lesen, sondern ums Einatmen.

Offenbar bist du immer noch da, also, dann mal los …

Wie gesagt, dieses erste
Kapitel muss eingeatmet
werden.

Das kannst du langsam
machen oder blitzschnell,
so wie es für dich richtig ist.

Wir brauchen mehr Platz. Die Schriftart verändert sich jetzt und wird größer.

Beginne mit dem Einatmen.

Fang mit dem ersten Kapitel an.

WIE MAN AUF DIESER WELT GLÜCKLICH WERDEN KANN.

Als Erstes muss ich dir wirklich sagen, dass Glück an sich überhaupt nicht existiert. Da sucht man etwas, was es gar nicht gibt. Glück verdunstet jeden Tag, es hat ein tägliches Verfallsdatum.

Eins kann man aber schon, nämlich jeden Tag glücklich sein. Glück geschieht täglich. Statt hier von Glück zu sprechen, lasst uns doch lieber sagen:

ZU LEBEN
HEISST,
GLÜCKLICH
ZU SEIN.

Genau. »Glücklich sein« entspricht »am Leben sein«.

Nur wer diese Parallele verstanden hat, kann auch den Weg zum Glück finden.

Vergiss also nicht, dass du nicht mehr an das Glück an sich denken sollst, sondern daran, jeden Tag glücklich zu sein.

Aber verbeiß dich auch nicht in diesen Gedanken, sondern sag dir vielmehr, wenn du morgens die Augen aufmachst:

Mit diesem Schlachtruf sollte dein Tag beginnen. Wenn du die Augen aufschlägst, setzt du damit den Kilometerzähler deines täglichen Glücks in Gang.

Während des Tages durchlebst du dann eine Art Glückssoufflé, das in irgendeinem Moment dieser 24 Stunden seinen höchsten Punkt erreicht.

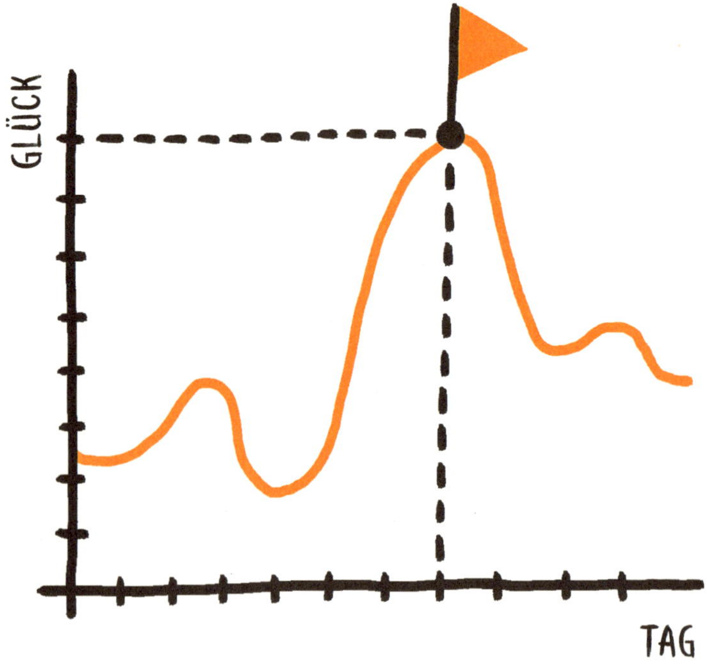

Wer mit dir über die Zukunft reden will, über alles jenseits der nächsten 24 Stunden, der macht dir was vor.

Pläne zu schmieden ist das Antiglück.

Genieße stattdessen lieber jede einzelne Minute.

Ergötze dich an jeder Sekunde.

Nur wenn du jeden Tag glücklich bist, kommst du dem täglichen Glück ein wenig näher.

Glücklichsein funktioniert nur von Tag zu Tag, lass mich aber etwas hinzufügen, was fast noch wichtiger ist.

Diese zweite wichtige Information lautet:

IN
WIRKLICHKEIT
BIST DU
ZU ZWEIT.

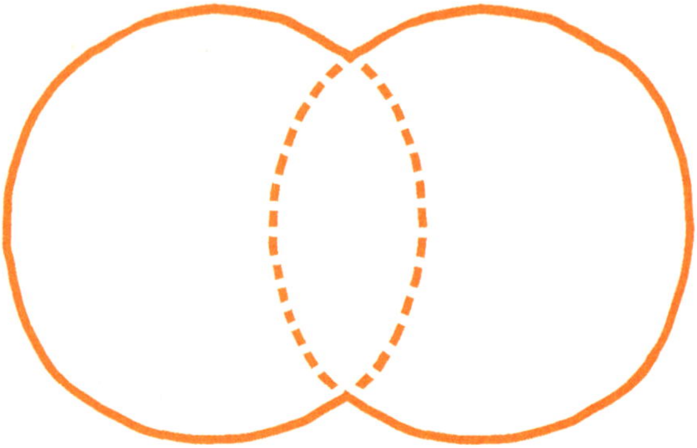

Es ist ein großer Fehler, sich nur für einen Einzigen zu halten.

Und dabei rede ich hier nicht von Bipolarität, sondern davon, dass du dir deinen Körper mit einer zweiten Energie teilst.

In dir existiert noch jemand anders, dein zweites Ich.

Tatsächlich meine ich nicht zwei Personen oder Persönlichkeiten.

Sondern zwei Seelen, zwei Arten, die Dinge zu empfinden, sich etwas zu wünschen, zu kämpfen und zu lieben.

Der da drin ist eigentlich niemand anders als dein inneres Kind, von dem ein Teil niemals erwachsen geworden ist. Wenn du nicht täglich mit diesem inneren Kind Zwiesprache hältst, wirst du bald ein Miesepeter, der immer mit gerunzelter Stirn die Straße entlanggeht.

Du musst mit dem da drin sprechen, und zwar

LAUT!

Dadurch wird alles besser.

Ich verspreche dir, dass du so die Dinge veränderst, denn der da drin hat ebenfalls:

Und der hier draußen kann ihn beruhigen. Und falls der Äußere von Zweifeln und Ängsten gequält wird, dann kann ihm der da drin auch helfen.

Von Kindheit an hat man uns verboten, mit uns selbst zu reden, doch was sind unsere unsichtbaren Freunde anderes als

UNSER INNERER FREUND UND UNSER INNERES KIND?

Ein Teil dieses Kindes wird niemals erwachsen, es bleibt immer in dir und sollte in deinem Leben, auf dieser Welt, auch eine Stimme haben.

Zwei zu sein bedeutet, dass man sich nie wieder allein fühlt und immer Gesellschaft hat.

Und das ist die Grundlage dafür, jeden Tag glücklich zu sein.

Wenn du morgens
aufwachst, sag also
nicht mehr:

ICH
LEBE.

Sondern:

WIR
LEBEN.

Worüber soll man denn so mit dem anderen sprechen?

- ✓ Über alles.
- ✓ Über das, was dir Sorgen macht.
- ✓ Über das, was du nicht verstehst.
- ✓ Über alles, was dir Angst macht.
- ✓ EINFACH ÜBER ALLES!!

An diesem Punkt wirst du langsam verstehen, dass die Welt von Anfang an eine Fehlkonstruktion war.

Diese Dinge hat dir nämlich keiner verraten.

Was ist denn nur los? Warum erzählt uns das niemand?

Der Grund dafür: Die Menschen, die auf dieser Welt die Regeln machen, sind

ANTIEMOTIONALE LÜGNER

WAS MAN DIR BEIGEBRACHT HAT UND WAS DU FÜR WICHTIG GEHALTEN HAST, IST ALLES NICHT VON BEDEUTUNG.

Deshalb musst du
dir deine eigene Welt
erschaffen.

Diese Welt entsteht aus dem Zusammenspiel zwischen dir und deinem Ich, diesen beiden Stimmen in dir. Gemeinsam müssen sie deine »Schluss-damit«-Liste definieren.

Ich zeig euch mal
meine Liste …

Schluss mit wortreichen Rechtfertigungen.

Schluss mit der Sorge darüber, was wohl die anderen denken.

Schluss mit der Ungleichbehandlung unserer Mitmenschen, wir sind alle gleich viel wert.

Schluss mit dem Spielen nach Regeln, die du weder selbst festgelegt hast noch verstehst.

Schluss mit Hektik und Stress, die Gegenwart ist dort, wo du dich jetzt gerade befindest.

Schluss mit dem Streben danach, der Beste zu sein.

Schluss mit der Tyrannei der Schwachen.

Es reicht, es reicht, es reicht!

Ich habe überhaupt keinen Zweifel daran, dass alles besser liefe, wenn man uns diese »Schluss-damit«-Liste von klein auf ans Herz gelegt hätte. Außerdem sollte man uns von Kindheit an zeigen, wie man mutig ist und sich Folgendem stellt:

VERLUSTEN

LIEBE

MUSIK

SEX

GEFÜHLEN

DEM TOD UND DEM LEBEN

Aber wir sollen gar nicht lernen, mit alldem umzugehen.

WESHALB NICHT?

- ✓ Damit du nicht lebst.
- ✓ Damit du das Glück suchst, statt jeden Tag glücklich zu sein.
- ✓ Damit du nicht mit dem anderen, deinem inneren Ich, sprichst.
- ✓ Damit du dich nicht mit deinen Gefühlen auseinandersetzt.

Die Leute wollen, dass wir weiter dem Phantom des Glücks hinterherjagen; doch das ist jetzt nichts Neues, es hat eine hundert- oder sogar tausendjährige Tradition.

Das Glück nicht zu finden macht dich zum Sklaven der Frustration. Und dadurch haben sie dich so weit, dass du immer nur an die Zukunft denkst und nicht in der Gegenwart lebst.

Du hast genau einen Tag zum Glücklichsein.

Denk daran, dass dieser Tag nur 24 Stunden lang ist.

Und die Nacht schließe ich da mit ein, weil Schlafen zum Glücklichsein dazugehört.

Schlafen bedeutet nicht, einfach abzuschalten.

Schlafen ist das Leben des anderen, der in dir lebt.

Oder glaubst du vielleicht, dass der nicht täglich glücklich zu sein braucht?

Und jetzt kommt etwas, was für dein Leben fundamental ist.

Inzwischen weißt du ja, dass du aus zweien bestehst, und deshalb musst du das tägliche Glücklichsein sowohl tagsüber als auch nachts anstreben.

Einen wichtigen Grundsatz musst du verstehen.

Du musst begreifen,

DASS PROBLEME NICHT EXISTIEREN.

Ein Problem ist bloß der Unterschied zwischen deinen Erwartungen und dem, was du in Wirklichkeit vom Leben und den Menschen bekommst.

Und das hat viel mit der Zukunft zu tun. Denn unsere Erwartungen richten sich normalerweise auf die Zukunft.

Ohne die Zukunft und die Vorstellung dessen, was sie wohl mit sich bringt, gäbe es keine Probleme.

Ich lege dir jetzt vier Schlüsselgedanken dar, um dir zu beweisen, dass Probleme wirklich nicht existieren:

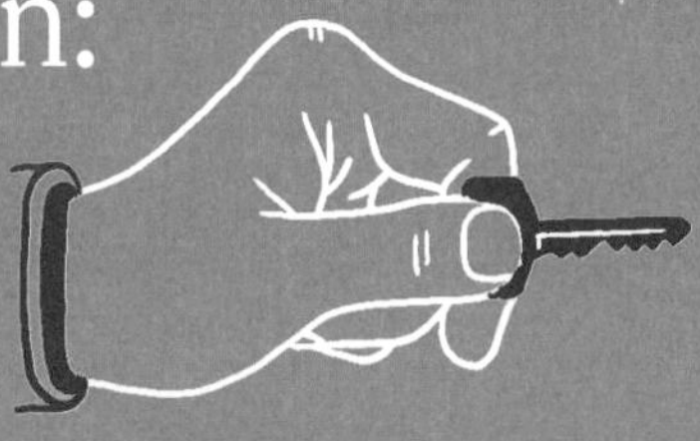

1. SCHLÜSSELGEDANKE

Fehler sind bloß aus dem Zusammenhang gerissene Erfolge.

Dein Fehler ist vermutlich nur ein gut getarnter Erfolg.

2. SCHLÜSSELGEDANKE

Glaub an die Entscheidungen, die dein »jüngeres Ich« getroffen hat.

Entscheidungen zu treffen ist mutig.

Deshalb solltest du deine Beschlüsse niemals anzweifeln.

Dein (oder euer) früheres Ich ist immer intelligenter als du.

Die Konsequenzen deiner Entscheidung sind weder Erfolge noch Misserfolge.

3. SCHLÜSSELGEDANKE

Ängste sind ungeklärte Zweifel.

Wer gut informiert ist, hat keine Angst mehr. Deshalb musst du im Leben auch viele Fragen stellen, mindestens fünf am Tag, um Informationen zu sammeln und deine Ängste loszuwerden.

4. SCHLÜSSELGEDANKE

Vertrau Fremden.

Um an Informationen zu kommen, musst du mit Menschen sprechen, die sie dir geben können.

Natürlich gibt es da die Leute aus deinem Kraftkreis, aber du wirst auch auf Unbekannte angewiesen sein, und sie können ideale Verbündete werden.

Egal, ob wir nun über Diamanten, Perlen, Gelbe, Versprengte oder Splitter desselben Kristalls sprechen (dazu später mehr).

Präg dir diese Begriffspaare gut ein:

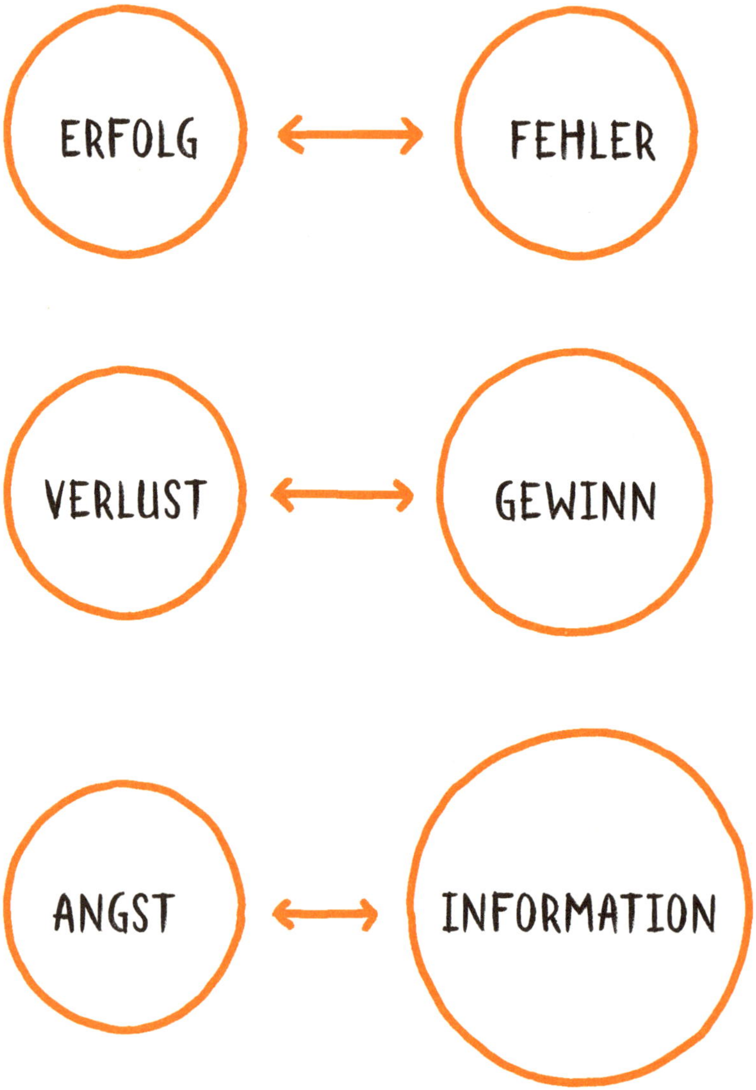

Diese Wortpaare sorgen in deinem Leben für Erfüllung, sie werden deine Gegenwart erleuchten und dir zeigen, dass Probleme nicht existieren.

Das musst du verinnerlichen, es bringt dir aber nichts, wenn die Welt für dich ein merkwürdiger und gefährlicher Ort ist.

Die Welt ist
der größte
Spielplatz, den es gibt.

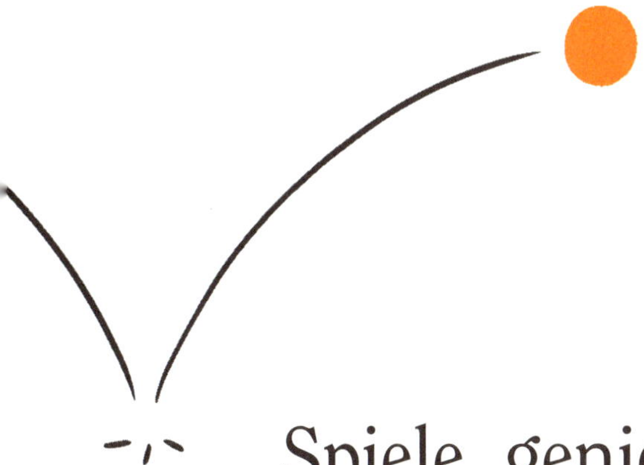

Spiele, genieße,
lebe den Augenblick,
ergötz dich an jeder
Sekunde.

Und vor allem:

KEINE PLÄNE!

Schon klar.

Ich weiß, dass jetzt irgendein Draufhauer kommen und dich fragen wird, warum du denn unbedingt gegen den Strom schwimmen willst.

Er wird sagen, das sei ja alles ganz schön und gut, dass du aber nicht weit kommen wirst, wenn du keine Verantwortung übernimmst.

Schluss mit den Lügen.

Schluss mit deren albernen Regeln.

Akzeptier das, was jetzt kommt, nimm es als einen Teil von dir selbst an.

Akzeptiere den Tag als Maßeinheit für dein Leben, um glücklich zu sein.

Akzeptiere, dass die Welt ein Spielplatz ist und du dort Spaß haben sollst.

Akzeptiere deinen anderen und sprich laut mit ihm.

FELHER

Akzeptiere ~~Fehler~~, weil du durch sie womöglich genau das Richtige getan hast, ohne es zu wissen.

Akzeptiere ein Leben ohne Pläne und ohne Gedanken an die Zukunft.

Akzeptiere,
dass zu sterben
nicht traurig ist.
Traurig ist nur,
nicht intensiv
gelebt zu haben.

Akzeptiere, dass Probleme nicht existieren.

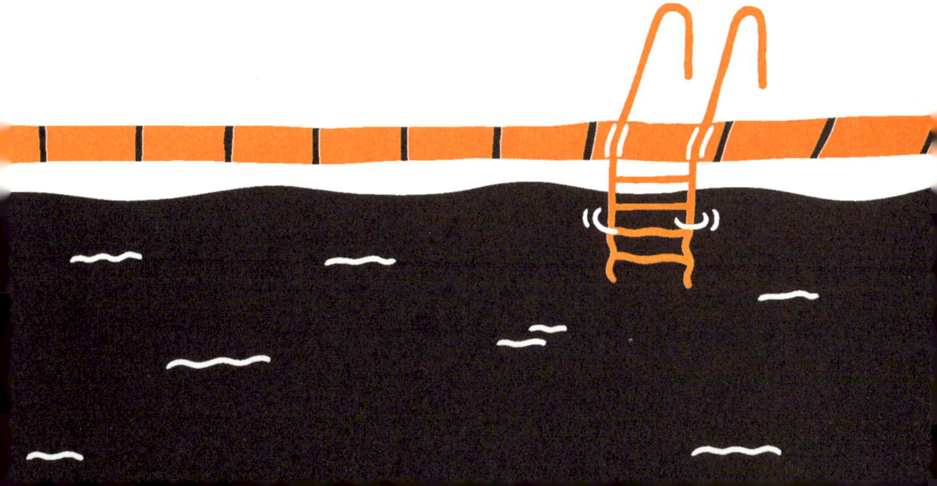

Jetzt haben wir schon die Hälfte des Wegs zurückgelegt.

Aber du hast sicher jede Menge Verantwortung und einen Haufen alter Probleme, die du gar nicht willst. Vielleicht machen sie es dir unmöglich, glücklich zu sein.

Was sollst du dann tun?

Befolge diese sieben Schritte:

1

BESPRICH ES MIT DIR SELBST.

2

FINDE EINE LÖSUNG.

3

LERNE, NEIN ZU SAGEN.

(DAS IST DIE WICHTIGSTE REGEL DES TÄGLICHEN GLÜCKLICHSEINS.)

4

LERNE, ZU ANDEREM JA ZU SAGEN.

(HANDLE – ZU VIEL NACHDENKEN KANN DICH BLOCKIEREN.)

5

VERGISS DEIN EGO.

(ES IST TÄGLICHES ANTIGLÜCK.)

6

TANZE!

(WIR ERSCHAFFEN PROBLEME DURCH GRÜBELN UND LÖSEN SIE DURCHS TANZEN.)

7

VERÄNDRE DICH, SPRING, SCHREI, LEB MIT DEINEM KÖRPER.

ICH WEISS!

DAS IST LEICHTER GESAGT ALS GETAN.

ALLES GELOGEN!

Am leichtesten wäre es jetzt, einfach aufzugeben, mit der Routine weiterzumachen, im Leben in die Zukunft zu blicken und wie immer draufzuhauen.

Natürlich ist es viel schwieriger, 24 Stunden am Tag um sein Glück zu kämpfen und so sein Leben zu verändern. Ein Lupfer zu werden.

Aber fang doch einfach mal an und setz meine Ideen 24 Stunden lang um. Eins kann ich dir nämlich versprechen:

Du wirst damit nicht mehr aufhören können.

DIESE KONZEPTE SIND DEINE GLÜCKSDROGE.

Ich weiß schon, was du jetzt sagen wirst: »Aber mein Glück hängt doch auch noch von anderen Faktoren ab, die du gar nicht genannt hast: Geld, Familie, Liebe, Sex, Schönheit, materiellem Besitz.«

Lass mich Schritt für Schritt darauf antworten: Glaubst du wirklich, dass als schön geltende Menschen glücklicher sind?

Nein, sind sie nicht, das versichere ich dir.
Sie haben dieselben Ängste und suchen genau wie du ständig nach dem Glück.

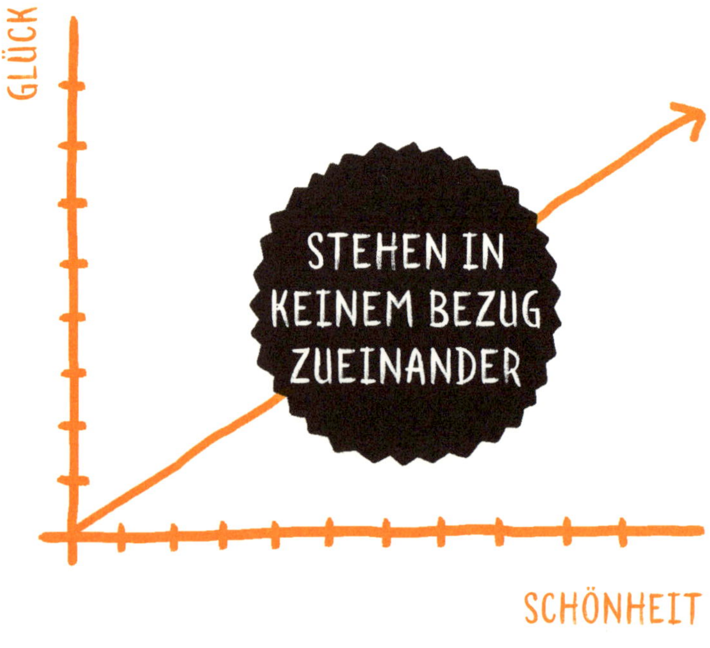

Und was ist mit der Beziehung zwischen dem Glück und

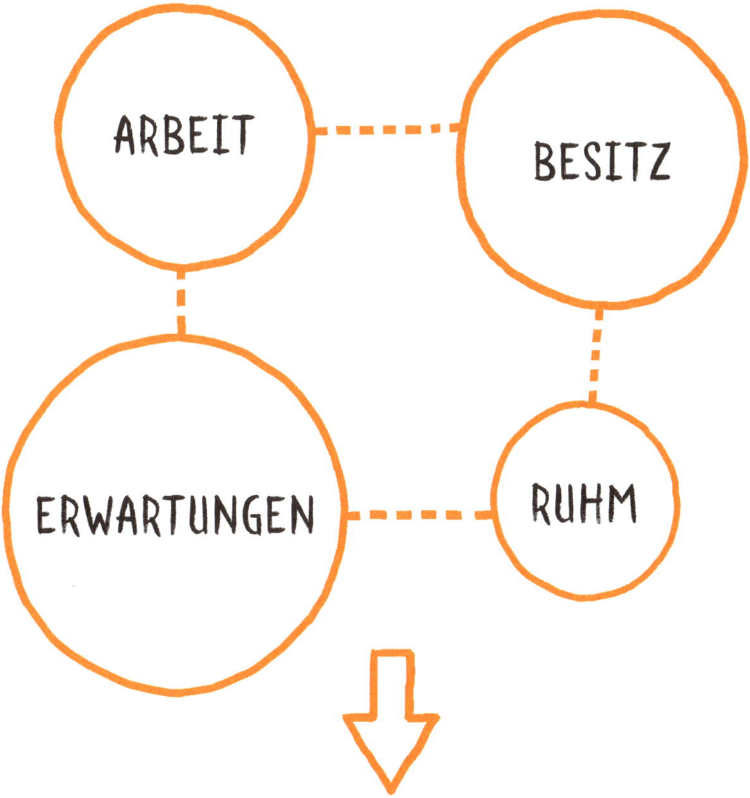

DER MATERIELLEN WELT?

Such auch dort nicht nach deinem Glück, da wirst du es nicht finden.

Du möchtest also reich und berühmt werden, dein Ego streicheln? Viele Dinge besitzen, schön und begehrt sein, den perfekten Körper haben?

WARUM DENN NICHT? Wenn du willst. Wenn du dir das wirklich wünschst, sind das keine schlechten Ziele.

DEIN GLÜCK WIRST DU DURCH SIE ABER NICHT FINDEN.

Und die Beziehung zwischen Glück und

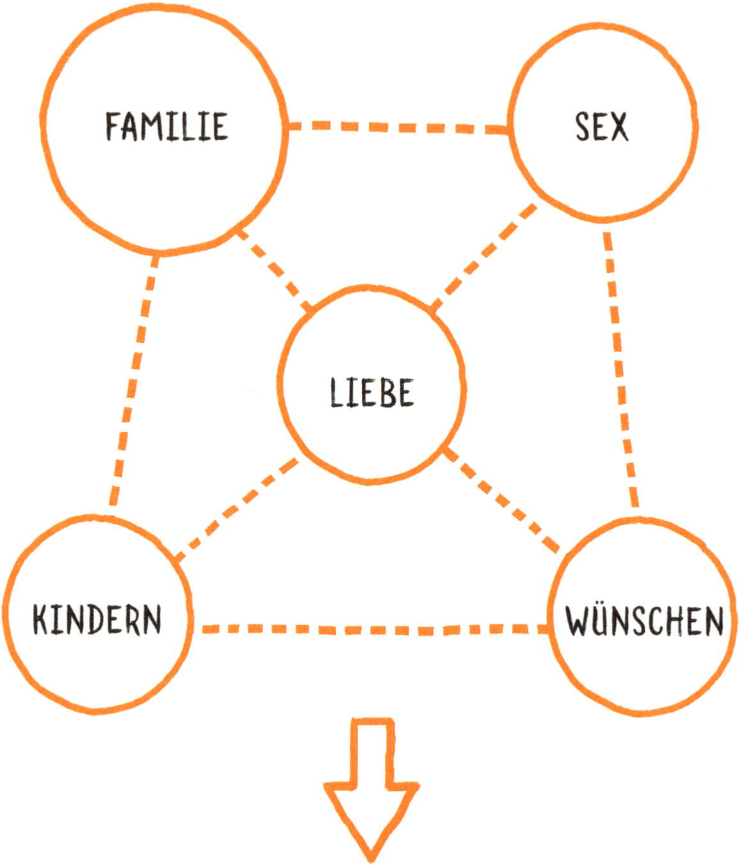

IM PRIVATLEBEN?

Ist das dein *Leitmotiv*?
Okay, wunderbar.

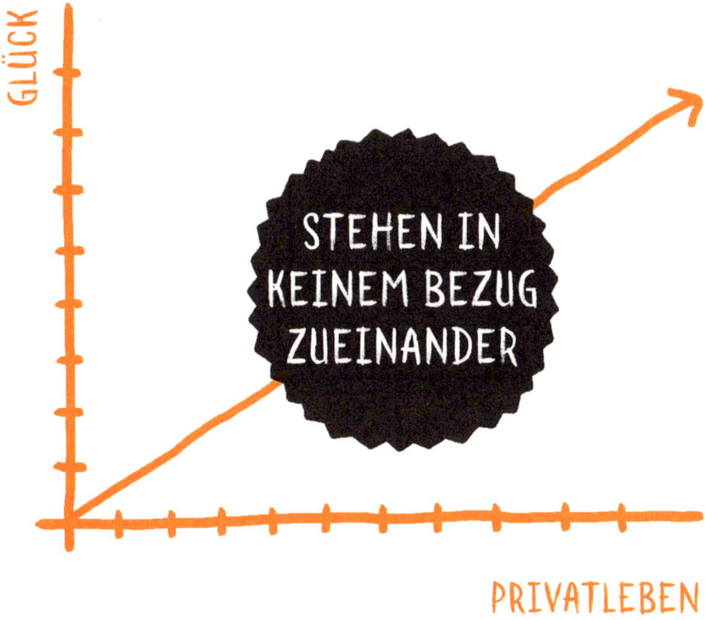

ABER DA WIRST DU DEIN GLÜCK AUCH NICHT FINDEN.

Es ist toll, etwas zu empfinden und zu lieben.

Zu beschließen, dass man eine Familie gründen und Kinder haben möchte.

Das wahre Glück sind diese wunderbaren Dinge aber nicht.

Die meisten dieser Wunder sind Sahnehäubchen, Köder, unglaubliche und auch notwendige Ergänzungen des Lebens.

GLÜCK
GIBT ES
TROTZDEM
NUR VON TAG
ZU TAG,
UND ZWAR
DESHALB, WEIL
WIR LEBEN.

Schieb also alles andere zur Seite. Durch diese Dinge wirst du dein Glück nicht finden, sie sind nur dein Umfeld.

Um glücklich zu sein, ist nur eins nötig: Ihr (du und dein inneres Ich) müsst euch lebendig fühlen und mit der Welt in Kontakt treten.

Und ich bitte jetzt euch beide, einen Moment darüber nachzudenken, ob ihr diesen großen Schritt wagen wollt …

Ich fordere dich auf, alle Schnörkel und Verzierungen, die Köder und Sahnehäubchen des Lebens zu vergessen …

Denk immer daran:
Glücklich zu sein heißt,
loszulassen und nur das
Wesentliche zu behalten.

Das Leben ist ein großes Geschenk, und als sich erfüllendes Naturgesetz musst du:

Jeden Tag Risiken eingehen.

Das ist immer
die Antwort.

Dich jeden Tag selbst pulsieren hören.

Dieses Pulsieren ist der Atem deines anderen Ichs.

Anderen mit deiner Zeit helfen.

Jede Sekunde, die du für andere aufbringst, ist verteiltes Glück.

Pusten.

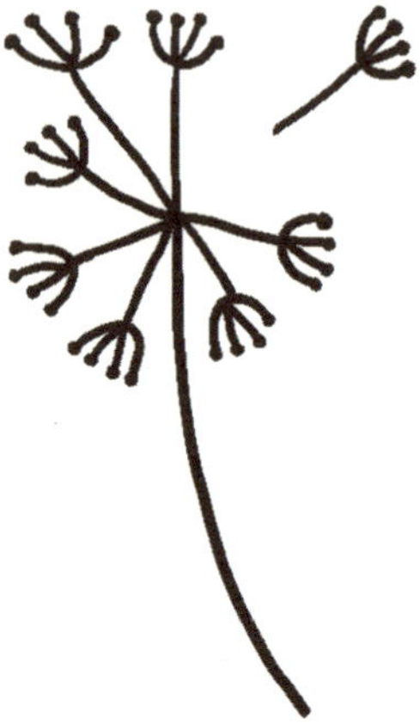

Wenn du pustest, erfüllen sich alle Wünsche.

Früher hast du die Kerzen auf deinem Geburtstagskuchen ausgepustet.

Deine Mutter hat auf die Schramme gepustet, wenn du dir wehgetan hattest.

Pusten heißt wünschen.
Wünsch dir was!

Musik spüren.

Such deine Musik.

Such deinen Tanz.

Such deine Bewegung, such deinen Gesang.

Singe, tanze, beweg dich, spiel Theater.

Ein Blas- oder Saiteninstrument sein – oder vielleicht Perkussion.

Such dir dein
Musikinstrument.

Andere lieben.

Dabei verstehe ich Lieben als Geben, als ein Teilen seiner Zeit mit denen, die sie brauchen.

Deinen Kraftkreis erweitern.

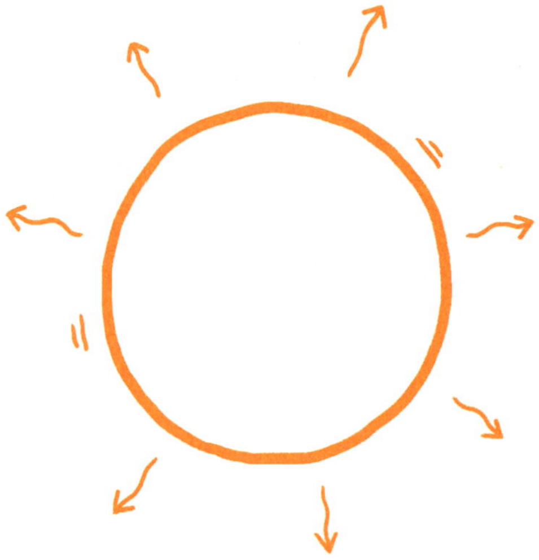

Alle Menschen, die du triffst, gehören zu deinem Kraftuniversum.

Kommuniziere mit ihnen.

Eins solltest du nicht vergessen: Wenn du endlich alle Antworten kennst, kommt das Universum und verändert die Fragestellung.

?

Zu leben bedeutet, jeden Tag neue Fragen zu haben und Antworten darauf zu finden.

Sterben lernen, um zu leben.

Das Glück besteht darin, jeden Tag das Sterben zu lernen.

Mach dir bewusst, dass du morgen früh vielleicht nicht wieder aufwachst.

Verabschiede dich jeden Tag von denen, die du liebst.

Dein Leben findet heute statt. Nur heute.

Wenn du es nicht nutzt, wirst du ganz langsam sterben.

Leb heute, morgen existiert nicht.

Ich weiß natürlich, dass du jetzt viele Fragen über das Gelesene und seine Bedeutung hast.

Heißt das etwa, du sollst ändern, was du für jemanden empfindest?

Bedeutet es, dass du ein ganz anderer Mensch sein sollst?

Heißt es, dass du bis jetzt schlecht gelebt hast?

NEIN!

Es heißt einfach nur, dass du jetzt genau einen Tag hast, um dich zu ändern.

Die Stoppuhr deines Lebens fängt am nächsten Morgen wieder pünktlich bei null an.

Es ist gar nicht schlimm, wenn du scheiterst. Vielleicht kann dir dein inneres Ich ja erklären, warum du dich gegen Veränderungen sträubst.

Es heißt immer, dass mit der Zeit die Liebe flötengeht.

Aber wenn das Leben nur einen Tag dauert, dann wird sie ewig sein.

Wir sind Batterien mit Energie für nur einen einzigen Tag.

Den müssen wir leben, als wäre es unser letzter, und ihn genießen, als wäre es unser erster.

WIE SOLL ICH DIESEN TAG DENN GESTALTEN?

WAS SOLL ICH TUN ODER LASSEN?

VÖLLIGE FREIHEIT

Erfreu dich an diesem Tag.

Füll ihn so aus, wie du möchtest.

Genieß die Zeit mit anderen Menschen, als wäre das dein erster oder letzter Tag.

Sprich mit dem anderen.

Und wenn du es nicht schaffst, wenn du dein Ziel nicht erreichst …

… dann hast du morgen …

… eine weitere leere Leinwand, um aufs Neue glücklich zu werden.

Und übermorgen

noch eine!

Wenn dich das Universum liebt, wird es dir unendlich viele Leinwände schenken.

Liebe die unglaublich tollen Tage, aber …

… liebe auch
die ätzenden Tage.

Bewahre sie
mit einem
Lächeln auf.

Oder besiegle
sie mit Tränen.

Lass einfach nur
deine Gefühle
sprechen.

Ist dir schon mal aufgefallen, dass auf der Straße nie jemand lächelt?

Niemand will Fremden irgendetwas geben.

Fragst du dich jetzt, warum ausgerechnet du das machen sollst?

Damit bist du beim Knackpunkt des Ganzen angelangt.

Du willst also nichts **GEBEN,** ohne dafür etwas zu **BEKOMMEN?**

Du willst nicht **GROSSZÜGIG** sein, wenn die anderen es dir gegenüber nicht auch sind?

Du willst nicht **EHRLICH** sein und lieber die Karten nicht zeigen, die dir das Leben zugeteilt hat?

Dann wirst du das Glück niemals erreichen.

So funktioniert das nämlich nicht.

Vielleicht hat dir mal jemand weisgemacht, dass es geht.

Ist dieser Mensch denn glücklich?

Siehst du ihn lächeln?

Genießt er sein Leben?

VERGISS, WAS DU GELERNT HAST!

DIE ZUKUNFT EXISTIERT NICHT!

DU LEBST IM HIER UND JETZT!

Versuch doch mal, auf der Straße jemandem zu helfen, und achte darauf, was dann passiert.

Mach keine Pläne, genieß den Tag als Maß der Welt.

Und guck, was passiert.

Gib ohne erwartete Gegenleistung, dann werden dich die Folgen verblüffen.

Ich weiß schon, was du jetzt denkst: Wenn ich das in die Tat umsetze, was du mir da sagst, heißt das,

dass ich nicht reisen kann,

dass ich kein Kind bekommen kann,

dass ich nicht mit meinem Partner zusammenleben kann?

Natürlich kannst du!
Es geht ja nicht um ein kurzsichtiges Leben, sondern darum, den Tag zu leben.

Rechne alles, was du tun willst, in die entscheidende Maßeinheit um – in Tage.

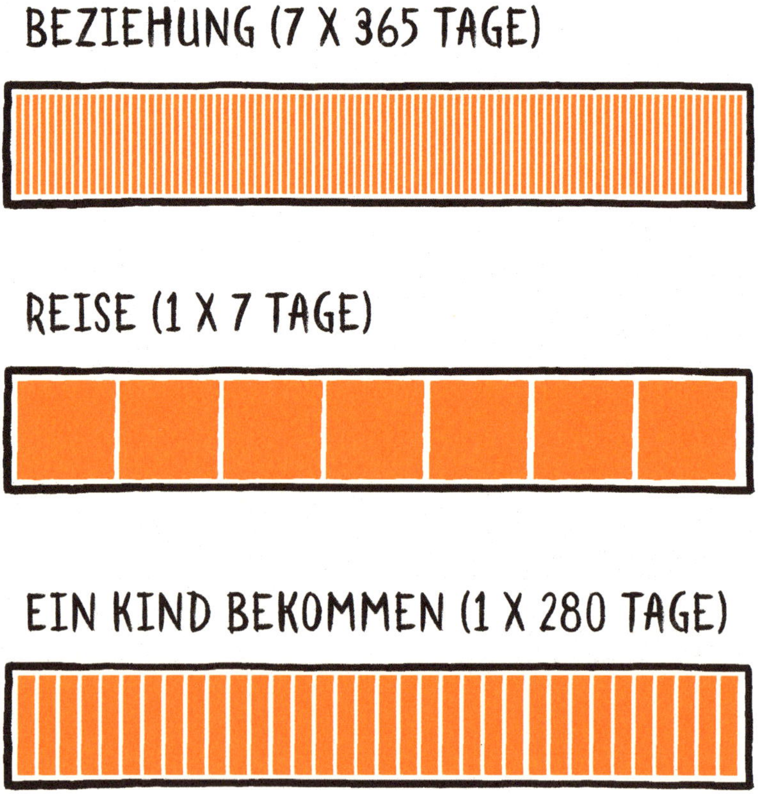

Und jeden einzelnen dieser Tage musst du genießen.

Geh über diese Einheit niemals hinaus.

Versuch **NIE,** dir für den nächsten Tag Energie aufzusparen.

Hör **NIE** damit auf zu fühlen, zu lächeln, zu lachen, zu leben und die Emotionen des heutigen Tages zu verspüren.

Lass **NIE** einen Tag deines Lebens einfach so verstreichen.

Mein Vater ist an einem 17. September um 17.17 Uhr gestorben.

Wir wussten damals, dass wir ihn verlieren würden.

Und deshalb wurde jede Sekunde dieses Tages auf einzigartige und schmerzhafte Weise empfunden, wir haben jeden Augenblick ausgekostet.

Inzwischen sind sechs Monate verstrichen, und ich erinnere mich daran nicht mehr als einen der traurigen, sondern als einen der emotionalsten und unvergesslichen Tage meines Lebens …

Ich bin dankbar dafür, dass ich fast einen ganzen Tag hatte, um mich von meinem Vater zu verabschieden, diese siebzehn Stunden und siebzehn Minuten.

Während der zehn Jahre
meiner Krebserkrankung
hab ich jeden Tag gelebt
wie meinen letzten.

Pläne hab ich damals nie
gemacht.

Ich hab jeden Tag wie den
ersten und den letzten
gelebt.

Dabei hab ich ein Bein,
einen Lungenflügel
und meine halbe
Leber verloren –
und war
glücklich.

Planen ist
ein Fehler.

Angst zu haben
ist ein Fehler.

Sich Energie
aufzusparen ist
ein Fehler.

Man muss einfach nur täglich leben. Jetzt wirst du dich wohl fragen: Und dann …

WERDE ICH DANN GLÜCKLICH SEIN?

JA

NEIN

Du musst auch alles Übrige tun, was ich dir gesagt habe.

Also musst du auch mit dem anderen reden.

Du musst alle Wörter ändern, die du kennst, und täglich nach Synonymen suchen.

Und vor allem musst du lächeln, leben und fühlen.

Frag dich doch mal, ob es eigentlich einfach ist, mit einem Lächeln auf den Lippen zu leben.

Warum tun wir es dann nicht?

Vergiss dabei vor allem niemals diese zwölf Lupfbälle:

1. LUPFBALL

Probleme existieren nicht.

Ein Problem ist bloß der Unterschied zwischen deinen Erwartungen und dem, was du in Wirklichkeit vom Leben und den Menschen bekommst.

2. LUPFBALL

Wenn man an Träume glaubt, werden sie wahr.

Glaube und erschaffe.

3. LUPFBALL

Liebe dein Chaos.

Liebe
dein Anderssein.
Liebe
deine Besonderheiten.
Liebe
all das, was dich einzigartig
macht.

4. LUPFBALL

Verluste sind Gewinne.

Verlieren → x Tage → = **gewinnen**

Verluste → x Tage → = **Gewinne**

5. LUPFBALL

Lerne, nein zu sagen.

Zum Leben.
Zum anderen.
Zu dir selbst.
Zu deinem Ego.
Zu anderen.
Zu deinen Ängsten.
Zu dem anderen in dir drin.

6. LUPFBALL

Lächle.

Lass Gefühle zu.

Tanze, singe und springe.

Find einen Weg, mit deinem Körper zu kommunizieren.

Das ist deiner, er gehört dir.

8. LUPFBALL

Spüre diesen Körper.

Genieß ihn.
Koste ihn voll aus.
Hab keine Angst.

9. LUPFBALL

Sei mutig.

Im Leben.
Im Tod.
Beim Sex.
In der Liebe.
Bei Verlusten.

10. LUPFBALL

Geben, geben, geben.

Ich bekomme keine Gegenleistung.

Das verstehe ich nicht.

Aber es ist mir egal.

11. LUPFBALL

Spüre die Musik.

Finde dein Instrument.

12. LUPFBALL

Der Tod, dein Tod, ist Leben.

Wenn du diesem täglichen Glück folgst, wird dein Tod Leben sein.

Du wirst niemals sterben.

2

Inspirationen für das Leben auf dieser Welt

Ich weiß, an diesem Punkt brauchst du mehr. Dir bleiben Zweifel, und obwohl du meine Konzepte zum Teil verstanden hast, möchtest du sie noch vertiefen.

Deshalb sprechen wir in diesem zweiten Kapitel nicht mehr nur übers Glücklichsein, sondern ebenso über das Leben auf dieser Welt, welches das Glücklichsein vollkommen macht.

Glücklich zu sein hängt auch vom Umfeld ab, von unserem Leben auf diesem Planeten. Und natürlich von der Erkenntnis, dass du dich neu definieren musst.

Im zweiten Kapitel greifen wir Konzepte auf, über die wir im ersten schon gesprochen haben, und erweitern sie noch. Es kommen aber auch viele neue Gedanken hinzu.

Jeder Satz, jedes Gefühl, jede Idee hat eine ganze Seite für sich, und auf der nächsten folgt dann eine detailliertere Erklärung.

Es handelt sich dabei um Inspirationen, Ideen zum Einatmen.

Vergiss auch hier nicht, zu unterstreichen und hinzuzufügen, was du brauchst.

Das zweite Kapitel ergänzt das erste – wenn du nicht weißt, wie du auf dieser Welt leben sollst, kannst du nicht glücklich werden.

Atme also diese Sätze ein, von denen dir einige vielleicht bekannt vorkommen, andere dich aber überraschen.

Wenn du Lust hast, kannst du nach diesem zweiten Kapitel noch einmal zum ersten zurückkehren und es erneut durchlesen. Meiner Meinung nach kann ein zweiter Durchgang helfen, es besser zu verstehen.

Vertrau mir: Vergiss, was man dir beigebracht hat, erfinde und definiere alles neu, was du weißt.

Das zweite Kapitel über das Leben auf dieser Welt ist in drei Blöcke à 23 Inspirationen unterteilt, und zwar über:

Kraft und Suche
Träume und Wünsche
Menschen und Gefühle

Es sind immer 23 Inspirationen, weil der Mensch im Durchschnitt 23-mal pro Minute einatmet.

Die 23 ist überhaupt die magische Zahl schlechthin.

Unser Blut braucht 23 Sekunden, um einmal durch den menschlichen Körper zu fließen, die Wirbelsäule hat 23 Bandscheiben, das Geschlecht eines Menschen wird vom Chromosom 23 bestimmt, und Mutter und Vater steuern zum Erbgut jeweils 23 Chromosomen bei.

Da ist es doch nicht erstaunlich, dass wir im Durchschnitt 23-mal einatmen.

Atme diesen zweiten Teil ein, als wärst du gerade neu geboren. Analysiere ihn nicht, urteile nicht darüber, atme ihn einfach nur ein und genieß ihn.

Bevor wir nun zu den Inspirationen übergehen, würde ich gern noch über zwei wichtige Elemente des Lebens hier auf Erden sprechen: über Kreise und Brunnen.

Die Mitmenschen in unserem Umfeld sind Brunnen unseres Lebens.

Aber nicht alle Brunnen stecken voller Glück und Energie – manche sind ausgetrocknet, andere vergiftet.

Verbring nicht dein Leben damit, in ausgetrockneten Brunnen nach Energie und Erfahrungen zu suchen. Das würde dich fix und fertig machen.

Und vergeude auch nicht deine Zeit damit, sie in vergifteten Brunnen zu suchen, damit vergiftest du dich nur selbst.

Schau dich ruhig mal nach neuen Brunnen um, die du noch nicht kennst, die könnten doch interessant sein. Andere, die dich bereits dein Leben lang begleiten, bringen vielleicht immer noch Energie und unglaubliche Erfahrungen hervor.

Es ist einfach fundamental, vertrocknete und vergiftete Brunnen links liegen zu lassen.

Versteif dich nicht auf sie, das wäre doch absurd.

Und dann möchte ich dir noch etwas anderes erklären: Wir werden alle als Kreise geboren, mit der Energie eines Kreises. Aber unterwegs triffst du dann auf Dreiecke, Rauten, Quadrate und Rechtecke …

Gib die saubere Energie des Kreises trotzdem niemals auf. Integriere dich in diese Menschen, aber hör dabei nicht auf, ein Kreis zu sein. Denk daran, dass du dein Wesen vergrößern oder verkleinern kannst.

Mach dich einfach rund, dann wird es dir schon gelingen, dich in andere Formen einzufügen, aber verändre dich dabei nicht. Lass niemals von der machtvollen Energie des Kreises ab.

Dich für andere zu verbiegen ist es einfach nicht wert. Gib diese Kraft nicht auf, schwäch sie einfach ein bisschen ab, damit sie zu den anderen Energien passt.

So, jetzt geht es aber wirklich los mit den Inspirationen.

Atme ein.

23
Inspirationen zur Kraft und Suche

1. INSPIRATION

Sei ein Lebenslupfer, schlag den Ball sofort zurück.

Lupfbälle sind die Bälle, die beim Tennis zurückgeschlagen werden, bevor sie den Boden berührt haben.

Lupfer sind Menschen, die Lupfbälle schlagen.

Im Leben gibt es Ungerechtigkeiten, Dinge, die du mitbekommst und schrecklich findest.

Und dann ist es wichtig, andere Menschen zu verteidigen.

Für ein Leben im Einklang mit sich selbst ist es fundamental, ein Lebenslupfer zu sein. Man muss schnell sein und Ungerechtigkeiten rasch abwehren.

Sei ein Lebenslupfer und reagiere, wenn du eine Situation miterlebst, die dir falsch erscheint. Dann wird das Universum auch dir Lebenslupfer schicken.

2. INSPIRATION

Erschaffe deinen Kraftkreis.

Wir sind Energiejäger und müssen Energien sammeln, die uns auf den ersten Blick mit Kraft erfüllen.

Leben heißt teilen und geben.

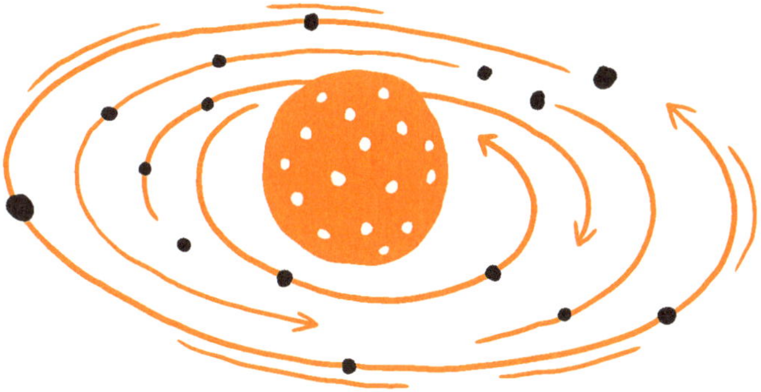

Manche Menschen erschaffen ihre eigene Welt, und dann gibt es noch Leute wie mich, die ihr eigenes Universum erschaffen.

Denk in großen Dimensionen, du musst dir das Universum für deine Welt kreieren.

Und dazu gilt es zuerst, deinen Kraftkreis aufzubauen, deinen Archipel der Aufrichtigkeit. Umgib dich nur mit Menschen, die dich mit Energie erfüllen.

Wir existieren und müssen begreifen, dass wir uns nach Energie sehnen, die uns Kraft gibt, uns nicht täuscht oder etwas vormacht.

Wenn du das nicht tust, lebst du auch nicht. Wenn du nicht suchst, nicht teilst und vor allem nicht gibst, verharrst du in deiner eigenen kleinen Welt und versinkst in Unbedeutsamkeit.

Vergiss nicht, dass ein Universum auch von nur zwei Menschen gebildet werden kann.

3. INSPIRATION

Warte 30 Minuten ab, bevor du eine E-Mail liest, dich einer Neuigkeit stellst oder dir etwas anhörst, was deine Welt verändern wird.

Atme einfach nur und warte ab.

Unser Organismus ist einfach unglaublich, und er kann sogar das in die richtigen Bahnen lenken, was wir noch gar nicht wissen.

Es ist wichtig, dass uns die Neugier nicht umbringt, die Spannung nicht fertigmacht. Ein Mensch kann auf ganz unerwartete Art und Weise und wegen der unglaublichsten Dinge in ein Loch fallen. Wenn in deinem Leben etwas Wichtiges geschehen wird, solltest du deshalb tief durchatmen und dir eine halbe Stunde Ruhe gönnen, einfach mal nichts tun. Du kannst dich hinlegen oder Musik hören oder auch tanzen oder singen oder lächeln – und dabei warten.

Gib der Anspannung Zeit, nach und nach zu verfliegen. Irgendwann hat die Neugier ihre Bedeutung verloren. Und dann kannst du dich dieser Information stellen und entscheiden, was du damit anfängst, egal, ob sie nun positiv oder negativ ist.

4. INSPIRATION

Wie viel Schmerz muss man ertragen, damit die anderen einen für mutig halten?

Mutige Menschen waren einst Feiglinge.

Wenn du mal ein kleiner Feigling warst, kannst du irgendwann ein mutiger Mensch werden.

Mutige Worte brauchen furchtlose Buchstaben. Das hat man mir beigebracht, als ich klein war, und ich habe es nie vergessen.

Mut entsteht durch mutige Taten, aber auch durch feige Taten. Denn am Ende machen uns die feigen Dinge unserer Vergangenheit zu mutigen Menschen der Zukunft.

Akzeptiere deine Feigheit, weil sie der Keim des Muts ist, der in dir schlummert. Niemand wird voller Mut geboren, den eignet man sich erst nach und nach an, wenn man seine Wahrheit und innere Stärke erkennt.

Lass dir von niemandem einreden, dass aufgeben feige ist. Du brauchst nicht dein Leben lang immer nur mutig zu sein. Ein mutiger Mensch ist nicht die Summe aus 1000 mutigen Taten, sondern die aus 500 mutigen und 500 feigen Taten.

Man muss die Grenzen seines Muts und seiner Feigheit erkennen. Sei einer Lupfer, das ist wirklich wichtig.

5. INSPIRATION

Egal, wie alt man ist – man darf nie das Lachen vergessen, das wäre unverzeihlich.

Brich in Gelächter oder Tränen aus.

Beides ist es wert, danach fix und fertig zu sein.

Das ist eine der Grundlagen auf Erden. Wir sind Liebe und von ihr erfüllt. Gerührt sein, lachen und weinen – auf diese Art und Weise tritt der da drin, unser anderes Ich, mit der Welt in Verbindung. Erlaub es ihm, zu heulen oder zu lachen, sich gehenzulassen und von diesen Gefühlen mitgerissen zu werden.

Wenn es ganz einfach ist, mit einem Lächeln auf den Lippen zu leben, warum tun wir es dann nicht? Wenn es so leicht ist, sich von Gefühlen mitreißen zu lassen, Tränen zu vergießen oder laut zu prusten, warum machen wir es nicht?

Wer seine Emotionen nicht zeigt, wird innerlich immer leer sein.

Lass dich mitreißen, dein Körper muss jeden Tag weinen und lachen, das braucht er einfach. Stumpf nicht ab.

Verschwende nur wenig Zeit auf Nachrichten, soziale Netzwerke und Fernsehen, lass dich live von den Dingen rühren, die deine innere Seele spürt.

Umschließe dabei nicht nur DIE WELT, sondern umfange DEIN GANZES UNIVERSUM.

6. INSPIRATION

Intensität entsteht nicht mit der Zeit, sondern durch die Gefühle, die man in sich trägt.

Zeit existiert nicht, vergiss sie einfach. Uhren und Kalender sind Waffen, mit denen man uns erobern will. Lass dich nicht kolonialisieren.

Schaff dir deine eigene Sicht der Welt und der Zeit, die sich um dich herum dreht.

Erfass dir deine Welt in Emotionen ohne festen Zeitplan. Lass dich auf Unterhaltungen mit deinem inneren Ich ein, dann wird es dir schon sagen, was zu tun ist.

Zeit wird in Gefühlen gemessen, Zeit wird in Wünschen gemessen, aber niemals in Sekunden, Minuten oder Stunden.

Vergangenheit, Gegenwart und Zukunft lassen sich als ein einziger Moment zusammenfassen: diesen Augenblick, in dem innere und äußere Gefühle und Wünsche wahr werden.

7. INSPIRATION

Wenn du glaubst, dass du jede Antwort kennst, kommt das Universum und verändert wieder alles.

Das ist die Grundlage, auf der wir Verluste in Gewinne verwandeln. Wir müssen begreifen, dass das Universum mit uns kommuniziert und die Fragestellung verändert.

Eins musst du verstehen: Wenn dir etwas Unerwartetes widerfährt, fand das Universum, dass du viel zu bequem geworden bist. Deshalb lässt es dich alles anzweifeln, was dir bislang doch so klar gewesen war.

Und wenn die Fragestellung so geändert wurde, musst du eben neue Antworten finden.

Darum geht es im Leben. Lächle einfach und akzeptiere, dass das Universum auf dich aufmerksam geworden ist und etwas für dich in Gang gesetzt hat.

Alles andere – sich nach dem Warum zu fragen und unter der Veränderung deiner Wirklichkeit zu leiden – ist nur der Keim fürs Unglücklichsein.

8. INSPIRATION

Das Wort »Schmerz« existiert nicht. Der Schmerz eines anderen Menschen kann unsere Heilung sein. Schmerz ist ein erhabenes Gefühl, mit dem Welten erbaut werden.

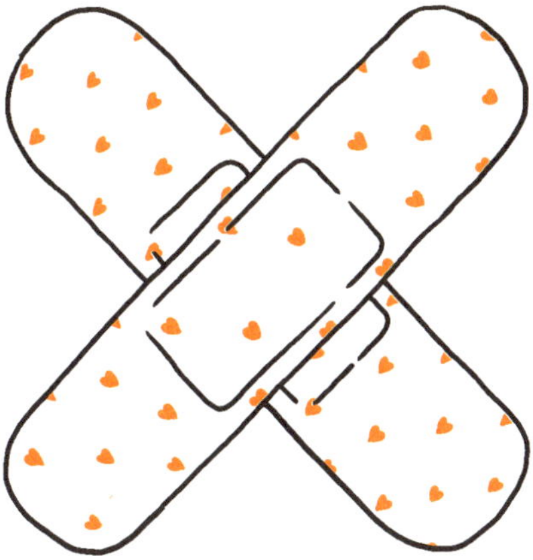

Für wichtige Wörter müssen wir immer Synonyme suchen. Was du da empfindest, ist vermutlich kein Schmerz, sondern ein Kitzeln, Jucken oder eine Reizung.

Wörter konditionieren, deshalb ist es wichtig, den korrekten Begriff zu finden.

Und vor allem musst du den Schmerz lieben, weil dieses Gefühl nur schwer zu bekommen ist. Wenn es dann da ist, liebe diese Empfindung und die Tatsache, dass du nicht dagegen immun bist.

Körperlicher Schmerz ist immer ähnlich: Während du ihn verspürst, kommt er dir unerträglich vor. Aber sobald er vorbei ist, hast du ihn auch schon wieder vergessen.

Mit emotionalem Schmerz ist es genau umgekehrt: Bei seinem ersten Auftreten ahnst du noch nicht einmal, wie sehr er mit der Zeit wehtun wird.

Diese erhabenen Gefühle machen dich zu dem, was du bist und was du sein wirst.

9. INSPIRATION

Manchmal ist der Hang so steil, dass wir gar nicht erkennen, wie weit wir schon gekommen sind.

Wie oft haben wir einen Kampf aufgegeben, der eigentlich längst gewonnen war?

Wie oft haben wir das Handtuch geworfen aus scheinbarem Zeitmangel, weil wir uns für zu alt oder zu dumm gehalten haben – dabei waren wir fast schon am Ziel!

Wichtige Ziele erreicht man selten auf geradem Weg, dafür müssen wir vielmehr einen steilen Hang hinaufkraxeln. Deshalb haben wir unterwegs oft das Gefühl, als würden wir kaum vorankommen, obwohl der Gipfel schon in unmittelbarer Nähe liegt.

Wirf im Leben nie das Handtuch, niemals! Handtücher sind immer hilfreich, mit denen kann man sich den Schweiß abwischen und fühlt sich danach frisch genug, um sein Ziel neu ins Auge zu fassen.

Ergötze dich an Schwierigkeiten – was leicht zu erreichen ist, hat auch keinen Wert.

10. INSPIRATION

Wenn dir etwas Schlimmes zustößt, folgen kurz darauf drei gute Dinge. Und wenn dir drei gute Sachen passieren, wird die vierte einfach unglaublich sein. Wer schlecht denkt, wird sich mit Sicherheit bestätigt sehen. Aber wer Gutes denkt, kann das Leben genießen.

Vergiss das nie: Wenn dir einmal etwas Schlimmes zustößt, wird dir daraufhin dreimal etwas Gutes passieren.

Und wenn dreimal etwas Gutes geschieht, wird das vierte unglaublich sein.

Das hat nichts mit einer positiven Einstellung zu tun, sondern ist einfach ein Gesetz des Lebens: Gutes und Schlechtes wechseln sich ab.

Wie alles im Leben sind gut und schlecht relativ. So wie ein Fehler ein aus dem Zusammenhang gerissener Erfolg ist, können schlimme Ereignisse auch aus dem Zusammenhang gerissene positive Begebenheiten sein.

Wenn du Schlechtes denkst, wirst du vielleicht bei manchen Menschen und in manchen Situationen richtigliegen. Denkst du jedoch Gutes, wirst du das Leben immer genießen.

Eine positive Einstellung zieht auch Positives an. Negativität macht dich nur misstrauisch und verwandelt dich in einen Draufhauer.

11. INSPIRATION

Im Leben geht es darum, Klinken herunterzudrücken.

Du weißt nie, was dich hinter einer Tür erwartet.

Hinter einer Tür kann sich eine weitere Tür befinden – oder vielleicht ein Fenster.

Man sollte den Nutzen von Erfahrungen im Leben erkennen und nicht länger als nötig an Orten verweilen, an denen man genug gelernt hat.

Stattdessen muss man weitergehen, die nächste Tür ins Auge fassen, die Klinke herunterdrücken und sich bereitwillig auf ein neues Abenteuer einlassen.

Das Leben besteht aus dem Drücken von Klinken, und man sollte diese ständigen neuen Herausforderungen mögen. Das Wichtigste ist daran vielleicht, dass diese Türen und Klinken genauso einzigartig sind wie du selbst.

Um mutig zu sein, musst du nur die Klinke herunterdrücken, so einfach ist das.

12. INSPIRATION

Atme den Duft des Sommers ein, um den Winter zu überstehen.

Du solltest nicht nur Sommerdüfte einatmen, sondern ebenso Erinnerungen, Träume, Wünsche, Dinge, die dir zugestoßen sind, und auch Sachen, die du dir nur vorgestellt hast und die nie wirklich passiert sind.

Tatsächlich solltest du auch Winterdüfte einatmen, um den Sommer zu überstehen.

Wir haben alle Durchhänger, die können wir jedoch durch Erinnerungen an unsere Glanzzeiten überstehen. Und wenn wir nicht wollen, dass uns Melancholie umfängt, fügen wir dem Moment durch solche Rückblicke eine weitere Facette hinzu.

Zu solchen Inspirationen gehören auch die süßen Scheren, die du im dritten Kapitel dieses Buches finden wirst.

Süße Scheren sind ja auch nichts anderes als Sommerdüfte, die uns dabei helfen, den Winter zu überstehen. Und diese Sommerdüfte sind Teil deiner DNA.

13. INSPIRATION

Such dir deine Matratze, dein Kissen.

Schlafen ist wichtig, es ist das Leben des anderen, seine Gedanken und Wünsche.

Und deine Matratze ist Teil seines Lebensraums. Deshalb musst du eine finden, die zu deinen Bedürfnissen passt. Akzeptiere, wie bedeutsam sie ist, weil Schlaf zum Universum deines inneren Ichs gehört.

Auch dein Kissen ist wichtig, es bewahrt nämlich einen Teil deiner Träume, Albträume, Sehnsüchte und Wünsche auf. Du musst mit deinem Kissen und deiner Matratze sprechen, sie gut lüften … Tu alles, damit sie sich geliebt fühlen.

Durchbohre deine alte Matratze mit einem Messer, bevor du sie wegwirfst, und puste dann, damit alle Albträume daraus verfliegen. Transportiere nun mit deiner Energie alle guten Träume in deine neue Matratze.

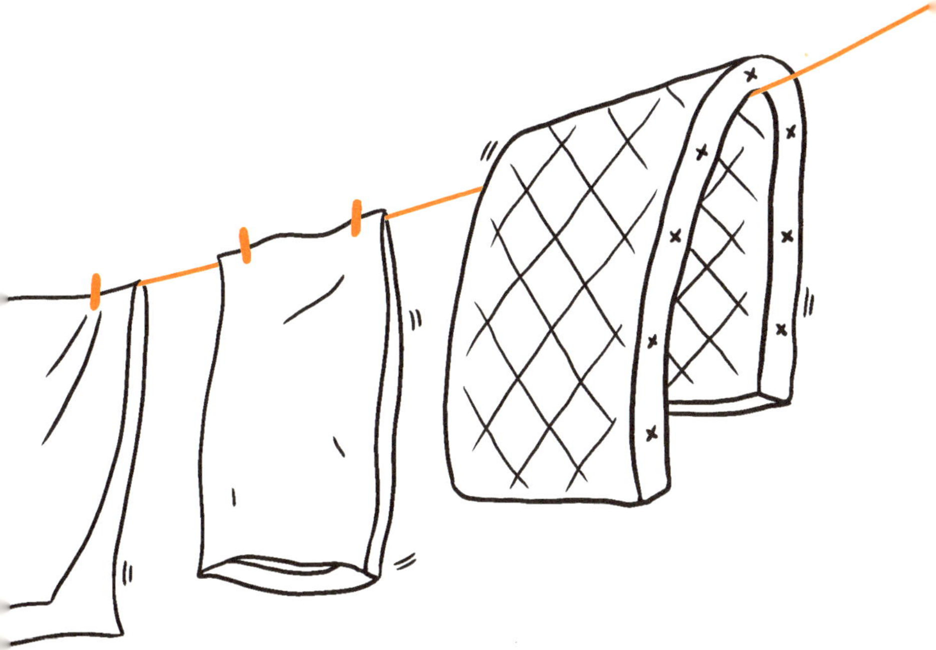

14. INSPIRATION

Lerne zu fallen, bevor du laufen lernst.

Wenn du dich als Kind verirrst, wirst du es als Erwachsener nicht mehr tun.

Um richtig laufen zu lernen müssen wir zunächst das Fallen üben. Die Wörter fallen und laufen gehören zu den Begriffspaaren unseres Lebens.

Wenn Kleinkinder ihre ersten Schritte machen, plumpsen sie immer wieder hin. Aber statt aufzugeben, lernen sie daraus und finden schließlich ihre ganz eigene Art zu gehen.

Das lässt sich nicht nur aufs Fallen anwenden, sondern auch aufs Sichverirren. Wenn du dich in der Kindheit oft verirrst, wird dir das als Erwachsener sicher nicht mehr passieren.

Es ist doch seltsam, dass wir im Lauf der Zeit diese Lektionen vergessen und so viele Dinge aufgeben, nur weil wir unterwegs ein paarmal gestrauchelt sind.

Das Wesen deines Kindes lebt immer noch in dir.

Es ist der Ursprung deines inneren Ichs.

15. INSPIRATION

An klaren Tagen sollte man eigentlich seine Seele erkennen können.

Graue Tage muss man als Intermezzo nutzen.

Intermezzos sind jene Momente, in denen dich das Leben zu einer Pause zwingt. Für mich ist eine Grippe das klarste Beispiel für solch ein Zwischenspiel, weil ich dann im Bett bleiben muss. Ich hab immer gedacht, dass das Universum uns solche Augenblicke schickt, damit wir ein paar Dinge in unserem Leben regeln können.

Intermezzos sind nämlich die Gelegenheit, sein ganzes Dasein neu zu organisieren. Sei es nun wegen einer Krankheit, weil man es nötig hat oder einfach mal was Neues möchte.

Klare Tage solltest du hingegen nutzen, um deine Seele, deinen Verstand, deinen Geist und deinen Körper zu erkennen – und auch die der Menschen in deinem Umfeld.

Liebe die grauen Tage so wie die klaren, sie gehören zu den Begriffspaaren des Lebens. In Wirklichkeit sind graue Tage nämlich nur aus dem Zusammenhang gerissene klare Tage.

16. INSPIRATION

Frag dich nicht, warum. Das Warum führt immer nur zu Traurigkeit und Depressionen.

Angeblich ist Beklemmung das Gewissen der Möglichkeiten, und das halte ich für sehr wahrscheinlich.

Genauso sind alle Warums das Gewissen der Suche ohne Sinn.

Sich nach dem Warum zu fragen bringt in diesem Leben gar nichts. Man versucht nur, eine Antwort auf Fragen zu finden, die man vermutlich gar nicht beantworten kann. Warums führen bloß zu Traurigkeit und Depression.

Warum liebt dich jemand nicht mehr? Warum ist dieser Mensch gestorben? Warum hast du das verloren? Warum bist du krank geworden?

Wie ich bereits erklärt habe, ist der Grund dafür immer derselbe. Das Universum liebt dich und hat die Fragestellung geändert, damit du neue Antworten findest.

17. INSPIRATION

Ein Punkt am Ende des Satzes macht den Menschen das Leben leichter.

Ein neuer Absatz oder drei Punkte am Ende machen ihn intelligenter.

Du brauchst nicht alles zu wissen, das ist gar nicht nötig. Etwas vorauszusetzen oder dir vorzustellen gehört ja zum Zauber dieser Welt.

Manchmal kann dein inneres Ich die Beweggründe von geliebten Menschen erahnen.

Mehr Klarheit würde der Magie der Ungewissheit ein Ende bereiten.

Sich Alternativen zur Wirklichkeit auszumalen gehört für mich zu den tollsten Dingen im Leben. Das ist vielleicht alles so nie passiert, aber in deinem Inneren hat es sich erfüllt.

Mach dir keine Sorgen darüber, dass sich jeden Tag so viele Geschichten überkreuzen, wir ständig auf neue Abschnitte oder Auslassungspunkte stoßen. Freu dich vielmehr darüber, weil du das Ausgelassene dann so in deinem Kopf zu Ende führen kannst, wie du möchtest.

18. INSPIRATION

Hast du nicht langsam die Nase voll von der Angst?

Davor, dich vor den Konsequenzen deiner Handlungen zu fürchten?

Seit wann akzeptierst du dein Leben schon als von außen auferlegt und nicht als selbstgestaltet?

Stell dich nicht länger schlafend!

Vergiss alle Ängste und Verbote.

Ich will dich nicht dazu anstiften, dich über Regeln hinwegzusetzen, sondern dich einfach nur bitten, ihnen keine Bedeutung beizumessen.

Du sollst auch nicht leiden, sondern das Leiden verstehen. Es geht hier darum zu leben. Hör endlich auf, dich schlafend zu stellen, so wie früher als Kind.

Du kannst selbst entscheiden, ob du im Zug deines Lebens im letzten Waggon oder vorn in der Lok sitzen willst.

Wenn du dich deinen Ängsten stellst, kannst du alles erreichen. Mal dir das Allerschlimmste aus, was passieren könnte. Und nachdem du die Situation in Gedanken durchlebt hast, mach dir klar, dass sie sich nicht in Wirklichkeit so abgespielt hat, sondern nur in deinem Kopf.

Weil dich zu viel Grübelei blockieren kann, sage ich: »Weniger Worte, mehr Taten.« Akzeptiere das Leben niemals als eine Reihe von Ereignissen, die dir zustoßen – stattdessen musst du es selbst gestalten. Und denk daran, dass viele Narben der Angst von verpassten Zärtlichkeiten stammen. Verleg dich deshalb aufs Geben.

19. INSPIRATION

Manchmal passen im Leben erst dann alle Puzzleteile zusammen, wenn man das Gesamtbild auch verstehen kann.

Deshalb überstürze nichts, triff keine voreiligen Entscheidungen.

Das Universum schickt dir dann den besten Ratgeber, wenn du dafür bereit bist. Oder vielleicht erinnerst du dich auf einmal an einen Ort, an dem du glücklich warst, damit du dorthin zurückkehrst.

Die Lösung wird dann aufleuchten, wenn du sie wirklich brauchst.

Vielleicht kannst du die Richtung nicht ändern, in die der Wind weht, aber du kannst deine Segel so ausrichten, dass er dich ans Ziel bringt.

Und diese Segel sind Erlebnisse und Begegnungen deines Lebens, die sich dann automatisch zusammenfügen, wenn du die richtige Entscheidung treffen musst.

Das Universum kümmert sich schon um dich, aber du musst schlau genug sein, um in dir die einzelnen Puzzleteile zu finden.

20. INSPIRATION

Die Welt anzuhalten bedeutet, ganz bewusst aus ihr hinauszutreten, um sie und dich zu verbessern. Willst du die Welt bewegen oder von ihr bewegt werden? Das Universum verschwört sich zugunsten derjenigen, die es bewegen.

Wer die Welt »anhält«, tritt ganz bewusst einen Schritt von ihr zurück, um sie und sich selbst zu verbessern.

Manchmal brauchst du eben Abstand von allem, musst es hinter dir lassen, deine eigene Routine mal abschütteln. Dir wird es vorkommen, als hättest du den »Pause«-Knopf gedrückt, in Wirklichkeit regenerierst du dich damit aber. In diesen Ruhephasen bewegst du die Welt und verbesserst sie.

Wenn du nie vom Fahrrad des Lebens absteigst, kannst du auch deinen momentanen Standort nicht bestimmen. Manchmal merkst du wegen des steilen Wegs überhaupt nicht, dass du gut vorankommst und schon fast da bist.

Das Beste an alldem: Bei deiner Rückkehr wird dich das Universum beschenken, weil es Lupfer belohnt, die die Welt anhalten und verbessern.

21. INSPIRATION

Ein Problem ist bloß der Unterschied zwischen deinen Erwartungen und dem, was du in Wirklichkeit vom Leben und den Menschen bekommst.

Wir erschaffen Probleme durch Grübeln und lösen sie durchs Tanzen.

Es gibt keine Probleme, sondern nur Erwartungen. Was uns das Leben beschert, sei es nun gut oder schlecht, nährt uns, lässt uns wachsen, weil es unseren persönlichen Filter passiert.

Was du als Problem bezeichnest, ist eine Chance, deiner Persönlichkeit eine neue Facette hinzuzufügen und mit deinem inneren Ich zu sprechen.

Eigentlich sollte man überhaupt keine Erwartungen oder Bestrebungen haben, denn alles, was diese Welt für uns bereithält, hat seinen Wert.

Und denk immer daran: Durch Nachdenken schaffen wir neue Probleme, wir können sie aber dadurch lösen, dass wir unseren Körper benutzen und tanzen, singen, springen oder einfach fühlen.

Setz deinen Körper in Bewegung, dann wirst du die Kraft deines inneren Ichs entdecken. Tanz deine Probleme.

22. INSPIRATION

Akzeptiere die Entscheidungen, die du getroffen hast.

Akzeptiere, dass dein früheres Ich viel intelligenter war, als du denkst.

Du verfügst jetzt einfach nur über mehr Informationen.

Fehler sind aus dem Zusammenhang gerissene Erfolge.

Die Begriffe »Fehler« und »Erfolg« ergeben auch nur in dem Moment einen Sinn, in dem man die Geschehnisse mit seinen Erwartungen vergleicht.

Entscheidungen triffst du nach langem Nachdenken oder manchmal auch ganz spontan, sie entspringen aber immer dir selbst und deinem inneren Ich, deshalb sind sie so bedeutsam.

Du musst deine Entschlüsse lieben, weil sie in deinem jüngeren Ich herangereift sind und weil es mutig war, diese Entscheidungen zu treffen. Auch wenn das Ergebnis vielleicht nicht aussieht wie erhofft, ist es deinen Gefühlen und Informationen in jenem Moment entsprungen.

Inzwischen kennst du das Resultat. Aber du wirst immer nur leiden, wenn du den Menschen nicht liebst, der zu diesem Beschluss gekommen ist.

Fehler oder Erfolge sind nie wichtig.

23. INSPIRATION

Die Welt hat die Grenzen, die du dir selbst steckst.

Die letzte Inspiration dieses ersten Drittels ist die wichtigste. Die Welt hat dieselben Grenzen wie deine Wünsche.

Sie ist das, was du sein willst und was du dir vornimmst, und du teilst ihre 24 Stunden zwischen dir und deinem inneren Ich auf.

Frag dich, was dein Ich will und was du willst. Durch den Austausch zwischen euch beiden kannst du einen Weg finden, deine Ziele auf dieser Welt zu erreichen.

Denn vergiss nie: Du kannst sein, was auch immer du sein willst, dafür musst du es dir nur fest vornehmen.

Lasst uns weiter einatmen, hier kommen die nächsten 23 Inspirationen:

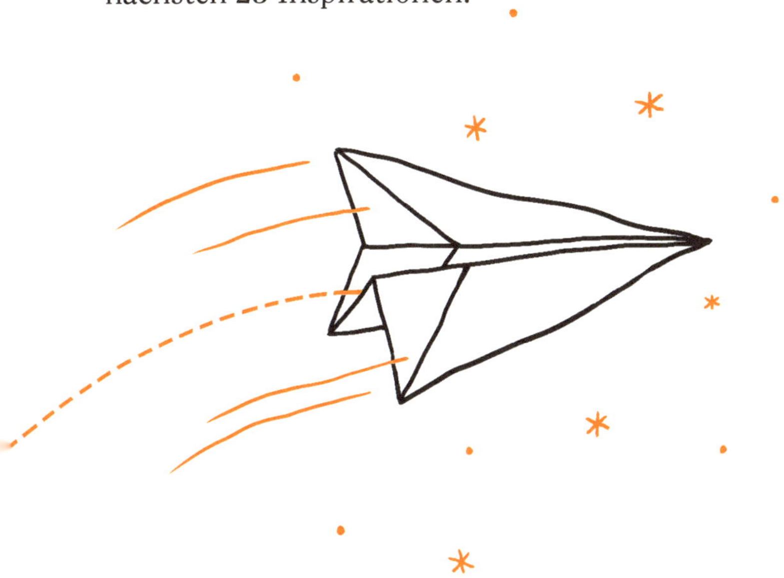

23

Inspirationen über Träume und Wünsche

24. INSPIRATION

Wenn du an deine Träume glaubst, werden sie wahr.

Ja, wer glaubt, erschafft. Mehr ist da nicht dran. Die Kraft des Verstandes und des Wünschens sind unermesslich.

Das werden die Draufhauer allerdings bestreiten, weil sie nicht wollen, dass du von diesem Geheimnis Gebrauch machst.

Aber wenn du an Dinge glaubst, die unmöglich erscheinen, werden sie auf ganz einfache Art und Weise passieren.

Visualisiere diese Träume jeden Tag, dann wirst du schon sehen, wie du sie damit nach und nach entstehen lässt. Du musst nur die Möglichkeiten erkennen, um daraus Wirklichkeit werden zu lassen.

Benutze diese Gabe, die in uns schlummert.

Wir sind Naturgesetze, gehören der Natur an und müssen uns durch unsere Wünsche und Bestrebungen erfüllen.

25. INSPIRATION

Wenn deine Träume der Norden sind, dann musst du nach ihrer Erfüllung vielleicht in Richtung Süden weitergehen.

Sich verändern, die Routine vermeiden, das ist eine der Grundlagen des Lebens auf dieser Welt.

Oft werden Wünsche nicht erfüllt, aber manchmal passiert es eben doch. Und in gewisser Hinsicht kommt man bei beiden Gelegenheiten vom Kurs ab.

Deshalb lasst uns bedenken, dass Träume zwar der Norden unseres Lebens sind, wir aber vielleicht einfach in Richtung Süden weitergehen sollten, wenn sich diese Träume erfüllt haben.

Und deswegen musst du auch akzeptieren, dass die Erfüllung oder Nichterfüllung deiner Träume dich verändert. Greif dann nach dem Kompass deiner Träume und ändere einfach die Richtung.

Träume, wünsch dir was und tauch in all die Richtungen und Gefühle, die du brauchst.

26. INSPIRATION

Wahrheit bewegt Welten.

Wahrheit macht glücklich.

Wahrheit ist das Einzige, was zählt.

Meistens ist Wahrheit relativ, deine Wahrheit und die eines anderen stimmen vielleicht nicht überein. Es gibt so viele Standpunkte, und oft haben die Leute ein persönliches Interesse daran, die Dinge auf bestimmte Art und Weise darzustellen.

Aber es gibt tatsächlich eine Wahrheit im Sinne einer Intelligenz, Ethik oder Moral, die dir den richtigen Weg weist.

Und diese Wahrheit steuert dich viel mehr, als du vielleicht glaubst. Würdest du sie ignorieren, könntest du nachts gar nicht schlafen. Der andere, der da drin, würde leiden und sich herumwälzen, einfach nicht zur Ruhe kommen.

Wenn in deinem Leben Wahrheit oder eine konsequente Haltung fehlt, wirst du Leere in dir verspüren. Deiner Wahrheit musst du auch dann treu bleiben, wenn sie sich mit den Jahren verändert. Das wird dir vermutlich schwerfallen und so vorkommen, als würdest du damit vielen Menschen wehtun. Aber es gehört eben zu deinem Kraftkreis, dass du deiner Wahrheit entsprechend lebst.

27. INSPIRATION

Erlaub dir, all das zu werden, was du sein willst.

Hab keine Angst vor der Person, in die du dich verwandelt hast.

Erlaub dir, das zu sein, was du möchtest. Das ist der erste Teil, über den wir schon gesprochen haben. Lass dir von niemandem sagen, dass so etwas nicht ginge oder sogar nicht sein dürfe.

Wir alle können sein, was wir wollen und uns wünschen, und zwar in jedem Aspekt unseres Lebens. Und um das zu erreichen, darfst du keine Angst haben oder dich mit weniger zufriedengeben.

Aber dann gibt es da noch einen zweiten Teil. Wenn du deine Ziele erreicht hast, musst du diese neue Version von dir auch akzeptieren. Hab keine Angst, die Person zu sein, in die du dich verwandelt hast. Das wäre ein großer Fehler.

Sei dir einfach nur darüber im Klaren, was du sein willst und kannst. Wenn du genau weißt, was du dir wünschst, und es mit dem anderen absprichst, ist nichts auf dieser Welt unmöglich.

28. INSPIRATION

Vergiss nie zu träumen.

Schlaf trennt dich von der Welt und macht dich gegen ihre Angriffe immun. Leider leben die Menschen so schnell, dass sie manchmal ins Bett gehen, ohne groß nachzudenken.

Bevor du einschläfst, solltest du jeden Abend darüber nachdenken, was du tagsüber gelernt hast. Einzuschlafen, ohne den Tag Revue passieren zu lassen, wäre ein großer Fehler.

In irgendeiner Hinsicht musst du nämlich deine Unwissenheit besänftigen. Vor allem sollte dir klar sein, dass dein Tag noch längst nicht zu Ende ist, wenn du die Augen schließt. Schlafen gehört zum Leben dazu, und durch deine Träume kommunizierst du mit dem da drin.

Schlaf ist nicht nur ein Rückzugsort für dich, sondern das Leben deines anderen Ichs. Mach dir darüber keine Gedanken, sondern akzeptiere Schlaf als Teil deines Lebens.

Wenn du Schlafstörungen hast, dann versuch nicht, dagegen anzukämpfen und auf Biegen und Brechen einzuschlafen. Sag dem da drin einfach, dass es schon in Ordnung ist, wenn ihr dann eben wach bleibt. Sobald du dich nicht länger anstrengst, wirst du auch schon selig schlummern.

29. INSPIRATION

Wünsche müssen gewünscht werden.

Puste jeden Tag und bitte um etwas.

Puste und wünsche.

Als Kind hast du die Kerzen auf dem Geburtstagskuchen ausgeblasen. Deine Mutter hat auf deine Schrammen gepustet, damit sie nicht mehr so wehtun. Und das Unglaublichste daran war, dass die Schrammen verheilt und viele von den Wünschen in Erfüllung gegangen sind. Das ist nicht einfach so passiert, sondern weil Pusten eben magisch ist. Wenn du pustest, gehen Wünsche in Erfüllung.

Pusten ist das Atmen des anderen da drin, und es verfügt über unglaubliche Kräfte, die das ganze Universum bewegen können.

Aber damit etwas in Erfüllung gehen kann, musst du es dir erst einmal wünschen.

Und dann musst du pusten.

Pusten solltest du jeden Tag, denk an deinen Wunsch und puste. Puste einmal am Tag und akzeptiere, was dann kommt, als Frucht deiner Wünsche.

Ohne Wünsche gibt es kein Glück. Ohne Pusten gibt es keine Wünsche.

30. INSPIRATION

Zeig mir, wie du gehst, und ich zeige dir, wie du lachst.

Dein Körper und deine Gefühle überschneiden sich. Du solltest täglich dein Lachen finden, weil es mit deinem ganzen Universum zu tun hat.

Erstaunlicherweise brauchen wir mehrere Minuten, um uns im Laden für ein Kleidungsstück zu entscheiden, Stunden, um ein Auto auszusuchen, und Monate für den Kauf eines Hauses. Aber für etwas so Wichtiges wie unser eigenes Lachen, das doch unseren ganzen Charakter, unser Ich und unser Wesen ausdrückt, geben wir uns mit dem zufrieden, was sozusagen »serienmäßig ab Werk« kommt.

Kämpfe darum, dein eigenes Lachen zu finden. Verändre deinen Gang, und es wird dein Lachen verändern. Zweifle nicht daran.

Deinen Körper gestaltest du selbst und dockst dann die Gefühle daran an. Suche, spiele und finde.

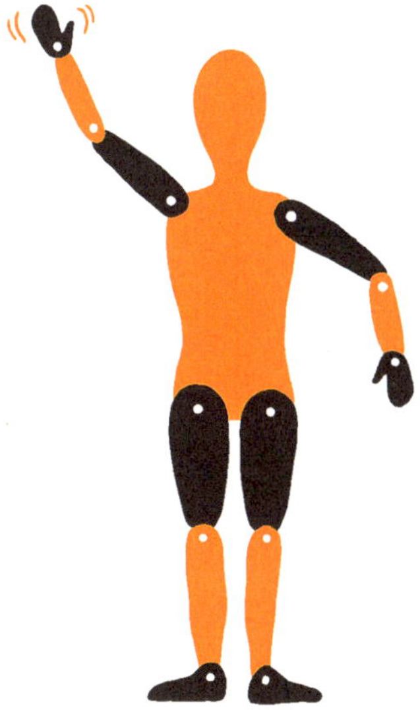

31. INSPIRATION

Teile das Leben geliebter Menschen auf, um es zu vervielfältigen.

Leg jedes Jahr eine Liste der Personen in deinem Leben an. Schreib diejenigen auf, die dir wichtig sind, die du in deiner Entwicklung für fundamental hältst. Das ist dein Schatz, deine Energie, es sind deine Perlen, deine Gelben, deine Diamanten und deine Splitter desselben Kristalls.

Ob du nun willst oder nicht – diese Leute werden früher oder später gehen. Jeder Mensch tut irgendwann seinen letzten Atemzug, und wir müssen begreifen, dass er dann verschwinden wird. Aber das heißt nicht, dass du ihn verlierst, sondern dass er in dir weiterlebt.

Sein Leben kannst du dir mit anderen Personen teilen, die ihn auch geliebt haben, und in dir ein kleines Stück von ihm aufbewahren. So spürst du diesen Menschen weiterhin, er wird dir helfen und sich in deinem Inneren mit dir verbinden.

Wenn man ein Leben so aufteilt, wird es sich in dir vervielfältigen. Der letzte Atemzug spendet Leben und Energie, hab keine Angst davor.

32. INSPIRATION

Irgendein Genie hat beschlossen, uns Humor mit auf den Weg zu geben, und der ist die Lösung all unserer Probleme.

Lass die Autoscheinwerfer auch tagsüber an.

Setz diesen Humor, diese umwerfende Energie in Form von Lachen, Lächeln, Prusten und Glück ein.

Akzeptiere auch, dass du manchmal traurig sein wirst. Das gehört zum Leben eben dazu, und Traurigkeit ist aus dem Zusammenhang gerissenes Glück.

Aus anderen Menschen kannst du augenblicklich Glück gewinnen. Das ist so, als würdest du tagsüber die Autoscheinwerfer anlassen. Dann blinken dich wahrscheinlich einige entgegenkommende Fahrer an, oder Passanten winken dir zu, um dich darauf hinzuweisen. Und diese Energie, diese Geste, wird dir Licht und Glück bringen. Nutz diese Kraft und die gute Laune anderer, um dich selbst zu retten.

Humor ist eine tolle Fähigkeit, mit der man uns ausgestattet hat, damit wir uns selbst aus dem schwarzen Loch herausholen können.

Setz ihn ein. Benutz ihn.

33. INSPIRATION

Zufälle sind Unterstreichungen, die uns zeigen, worauf wir achten müssen.

Der Zufall ist viel mächtiger als das Glück.

Nichts passiert einfach nur so, und der Zufall ist viel machtvoller als das Glück. Beiden solltest du vertrauen.

Wenn dir am selben Tag mehrere seltsame Ereignisse widerfahren, solltest du die Botschaft des Universums darin erkennen.

Zufälle sind nämlich Unterstreichungen, die uns etwas sagen wollen.

Wenn dich eine Nummer zu verfolgen scheint, ein Gesicht immer wieder auftaucht oder du das merkwürdige Gefühl hast, dass du unbedingt einen bestimmten Ort aufsuchen solltest, dann erwartet das Universum, dass du deinem Impuls folgst. Zweifle nicht daran.

Nimm zur Kenntnis, dass du da offenbar mit der Nase auf etwas gestoßen werden sollst, was du zu ignorieren scheinst.

Das Universum hat sich »verschworen«, um dich zu einer bestimmten Verhaltensweise zu bewegen, und manchmal findest du den Hinweis darauf sogar in dir selbst.

34. INSPIRATION

In dir gibt es einen vierten Motor. Wenn du den einschaltest, verändert sich dein ganzes Wesen.

In den Augen vieler Menschen braucht man für ein glückliches Leben eine Aufgabe, einen Wunsch und etwas, was man lieben kann.

Andere hingegen glauben, Glück sei das Bewusstsein, dass dein Leben einen Sinn hat.

In Anlehnung an Viktor E. Frankl gibt es drei »Motoren« für ein bedeutsames Leben: 1. das Erschaffen eines Werks oder Projekts, das aus einem selbst entspringt; 2. das Einstehen für seine Werte, vor allem die Liebe zu einem anderen Menschen; und 3. das unausweichliche Leiden, den Kampf ums Überleben oder darum, einen anderen zu retten.

Ich habe immer geglaubt, dass einem noch ein vierter Motor dabei hilft, den Sinn des Lebens zu finden, dieses Glück, von dem alle sprechen. Und dieser Motor liegt in dir selbst, entsteht aus dem anderen, aus dem da drin. Er hat den Schlüssel zum Sinn des Lebens. Kommuniziere mit ihm und finde deinen vierten Motor.

35. INSPIRATION

Wir sind der Durchschnitt aus den sieben Personen, die uns am nächsten stehen.

Wir bestehen aus einem Durchschnitt der Intelligenz, Ängste und Wünsche der sieben uns am nächsten stehenden Menschen, daran hab ich keinerlei Zweifel.

Oft wollen wir etwas ändern, aber die Veränderung liegt fast nie in uns selbst, sondern in diesen sieben Leuten, die uns umgeben und uns ihre Energie schenken.

Hab keine Angst davor, einen Teil dieser sieben Personen auszutauschen. Das ist kein Zeichen für Scheitern, sondern gehört zum Leben auf Erden dazu.

Weil wir der Durchschnitt dieser sieben Personen sind, solltest du dir Menschen suchen, die dir ähnlich sind und dir das geben, was du in jedem Moment deines Lebens brauchst und dir wünschst.

Und wenn dir jemand wehtut, dann sollte er automatisch aus deinem Leben verschwinden.

Da gelten keine Ausreden.

36. INSPIRATION

Wir sind aus Fleisch, führen uns aber auf, als wären wir aus Stahl.

Die Welt ist so groß wie deine Atmung.

Wir müssen gegen diesen Panzer ankämpfen, den wir uns zugelegt haben, diesen Eindruck, dass uns nichts berührt oder betrifft.

Jahrelang habe ich zum Atmen einen Brechbeutel in Form des Planeten Erde aufbewahrt, den man mir mal im Flugzeug gegeben hat. Wenn ich dort hineingeatmet habe, hatte die Welt dieselbe Form wie mein Atem.

Wir müssen akzeptieren, dass wir klein sind. Durch die Kontrolle über unsere Gefühle werden wir aber zu den Allergrößten.

Wer versteht, dass Dinge uns berühren und wehtun, ist sich seiner eigenen Haut und Zweifel bewusst.

Unser Herz kühlt unser Gehirn ab, nicht umgekehrt.

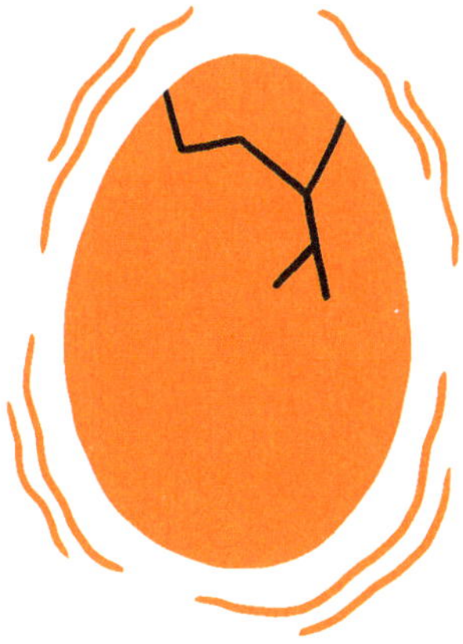

37. INSPIRATION

Das Problem liegt nicht darin, dass wir nur zehn Prozent unseres Gehirns benutzen, sondern darin, dass wir kaum zwei Prozent unserer Gefühle anwenden.

Die Macht der Gefühle setzt Dinge in Bewegung.

Oft nimmst du unnötige Umwege in Kauf, um das Übel nicht direkt bei der Wurzel zu packen, dabei liegt die Wurzel doch in dir selbst.

Die Wurzel sind deine Gefühle. Dein Gehirn wird ausschließlich von deinen Gefühlen kontrolliert.

Und diese Emotionen musst du durchleben. Wenn du dich ans Lächeln gewöhnst, wirst du auch diese Gefühle verspüren.

Manchmal vergisst dein Körper, zu lachen oder zu lächeln, und dann ist das Gefühl längst verflogen.

Erziehe dein Gehirn durch deine Gefühle neu.

Erziehe deine Gefühle durch deinen Körper neu.

38. INSPIRATION

Du kannst die Angst vor etwas nur dann verlieren, wenn du darüber sprichst.

Nicht geklärte Zweifel sind nicht akzeptierte Ängste.

Stell am Tag fünf gute Fragen.

Die richtigen Informationen lassen jede Angst verfliegen.

Ungeklärte Zweifel verwandeln sich in nicht akzeptierte Ängste, daher wirst du niemals Angst haben, wenn du deine Zweifel klärst.

Aber dafür musst du Personen finden, die dir helfen können, für jeden Zweifel den passenden Ratgeber.

Stell am Tag fünf gute Fragen und such dir jemanden, der sie dir beantworten kann. Rede über alles, mit den richtigen Informationen verfliegen Ängste nämlich.

Und wenn die Furcht schrecklich groß ist, dann stürz dich mitten hinein, statt dich ihr nach und nach zu stellen. Beschäftige dich mit der schlimmsten Version dieser Angst.

39. INSPIRATION

Jeder hat eine ideale Schaffens-atmosphäre.

Jeder hat ein ideales Schaffensumfeld, das seine Kreativität fördert.

Das können ungerade Jahre oder Strände sein, Wasser, Sonne, Regen oder der August.

Such das perfekte Umfeld für dich, den Ort auf dieser Welt, an dem dein Glück die idealen Bedingungen vorfindet.

Dieses kreative Klima hilft dir nicht nur in künstlerischer Hinsicht, sondern auch einfach dabei, zu leben und glücklich zu sein.

Lass dich von deinem Instinkt leiten, dann findest du schon deine ideale Schaffensatmosphäre.

40. INSPIRATION

Flüstere dir jeden Tag zwei Minuten etwas zu.

Geh »unbewaffnet« los, wenn dir danach ist.

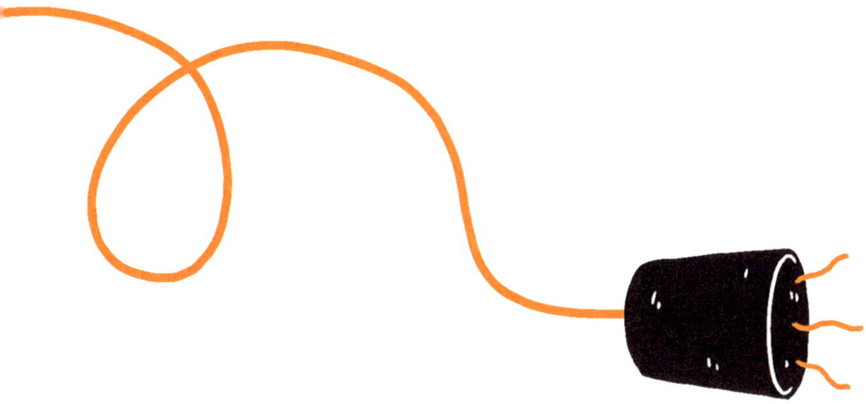

Es gibt Leute, die nie jemandem zuzwinkern, sondern nur ein Auge zukneifen, wenn sie zielen. Andere senken bloß dann die Stimme, wenn sie den Kellner um einen besonders guten Tisch bitten.

Dabei sollten wir eigentlich täglich flüstern. Wenn du flüsterst, passieren nämlich die wunderbarsten Sachen. Wispere jeden Tag zwei Minuten, dann wird wahr werden, was du geliebten Menschen zuflüsterst.

Raune ihnen schöne Dinge zu, die sie brauchen. Flüstern gehört zu uns, es ist der Gesang unserer Wünsche und entspringt der Stimme unseres inneren Ichs.

Nutz das aus, versuch's mal mit dem Flüstern und erleb mit, welche Macht es hat.

Denk auch daran, dass du häufiger »unbewaffnet« aus dem Haus gehen solltest, also ohne Smartphone oder jeglichen Internetzugang. Stell dich frei und offen einer Welt, die mit dir kommunizieren möchte.

41. INSPIRATION

Such weniger und lass dich öfter finden.

Wenn du mal nichts suchst, wirst du sicher etwas finden.

Je mehr du in diesem Leben suchst, desto weniger wirst du finden. Und ich rede jetzt nicht nur vom Suchen, sondern auch davon, sich finden zu lassen.

Auf dieser Welt solltest du dich deinen Ängsten stellen und akzeptieren, dass deine Wunden irgendwann verheilen müssen.

Wenn du weiter hasst oder immer nur negativ denkst, kannst du den Kreis niemals schließen. Dieser Hass wird zurückkehren, die Gedanken werden sich wiederholen.

Im Umgang mit der Angst solltest du allerdings keine kleinen Schritte machen, sondern dich gleich deiner größten Furcht stellen. Mach genau das, was du eigentlich nie tun wolltest. Dann wirst du entdecken, dass auch genau das Gegenteil der befürchteten Folgen eintrifft.

Und denk immer daran: Wenn du nicht suchst, wird dein Schicksal dich finden.

42. INSPIRATION

Verluste sind positiv.

Jeder Verlust ist in Wirklichkeit ein Gewinn.

Und wenn du mal nur verlierst, dann denk an die Zeiten, in denen du nur gewonnen hast.

Atme dieses Geheimnis tief in dich ein, es ist nämlich die Grundlage des Lebens auf Erden. Allerdings ist es manchen Menschen zufolge auch das Erste, was wir lieber vergessen sollten.

Vergessen darf man es auf keinen Fall, und es muss auch wirklich Schluss damit sein, Verluste als traurig und Gewinne als positiv anzusehen.

Deshalb rufe ich es lieber noch einmal in Erinnerung: Im Leben verliert und gewinnt man. Aber du hast nur deshalb Glückssträhnen, weil du bei anderer Gelegenheit ständig verloren hast.

Liebe deine Verluste und lass zu, dass sie Teil deines Körpers und deines Geistes werden. Sprich mit ihnen, auch wenn dir dann die Draufhauer vorwerfen, dass du in der Vergangenheit lebst.

Dinge zu verlieren bedeutet, Risiken einzugehen. Risiken einzugehen heißt leben, und das heißt, glücklich zu sein.

43. INSPIRATION

Hast du etwa dein Lächeln verloren? Ich hab hier noch eins in der Hand, bitte sehr!

Begegne Fäusten immer mit einem Lächeln.

Begegne Fäusten immer mit einem Lächeln, nichts verblüfft Draufhauer mehr. Wenn du auf Fäuste mit Fäusten reagierst, machst du den anderen nur stärker.

Tatsächlich geht es im Leben nicht darum, mehr oder besser zu sein. Viel wichtiger ist, im Einklang mit dem da drin zu stehen, mit deinem anderen Ich, und jeden Tag das Glück zu finden. Oder ist es dir lieber, diesen Tag zu verlieren, weil du dich von Fäusten provozieren lässt?

Ich schließe oft die Hand zur Faust, gehe zu jemandem rüber und erkläre ihm, dass ich hier ein Lächeln versteckt hab, ein ganz besonders strahlendes, und er es gleich einfangen muss. Dann mache ich plötzlich die Hand auf, und der andere lächelt automatisch.

Lächeln ist nicht verboten, aber das sollte man gar nicht glauben, wenn man manchmal die Straße entlanggeht. Ändre was daran.

Du wirst fasziniert feststellen, was du mit einem Lächeln alles bewegen kannst.

44. INSPIRATION

Die Welt ist der größte Spielplatz, den es gibt.

Jeder Tag kann dein liebster Tag des Jahres sein.

Sei ein Kind, das träumt, und ein Erwachsener, der diese Träume wahr macht.

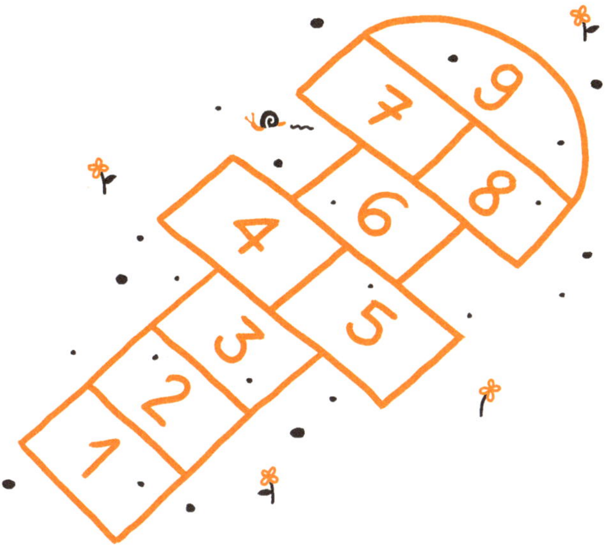

Du solltest spielen! Die Welt ist nämlich kein Klassenzimmer, sondern ein Spielplatz, und spielen ist auf Erden die Grundlage für alles. Nichts ist so wichtig, dass du das Spielen darüber vergessen solltest.

Wer die Welt als komplizierten Ort ansieht, hat längst verloren, ist sie doch der größte Spielplatz, den es gibt.

Spiel wie ein Kind, und hilf diesem Kind, seine Träume zu erfüllen.

Hab vor nichts Angst, zerbrich dir nicht den Kopf. Und vergiss nicht, dass morgen unter den Menschen, die du liebst, vielleicht eine Energie fehlen könnte.

Setz nicht voraus, dass am nächsten Tag wieder alle mitspielen werden. Verabschiede dich deshalb von ihnen, als gäbe es kein Morgen, dank ihnen heute für ihre Existenz.

45. INSPIRATION

Wünsch dir Dinge für andere.

Irgendwer hat mir mal gesagt, dass man dann genau man selbst ist, wenn man gerade Sex gehabt, sich einen runtergeholt oder sonst irgendwie Lust empfunden hat. Man ist das, was nach diesem Vergnügen zurückbleibt, dieser Frieden.

Am selben Tag hat mir auch jemand erklärt, dass man echtes Vergnügen nicht mit überzogenem Selbstbild und voller Selbstliebe, voller Narzissmus empfinden kann.

Ich glaube, alles hat mit dem Wünschen zu tun.

Wenn du dir nur Sachen für dich selbst wünschst, wird sich davon nichts erfüllen. Aber wenn du auch für deine Mitmenschen wünschst, dein Glück und deine Energie mit anderen Lupfern teilst, wird sich alles ändern.

Wünsch auch für andere. Kämpf für die Träume anderer Menschen. Darin liegt der Sinn deiner Welt.

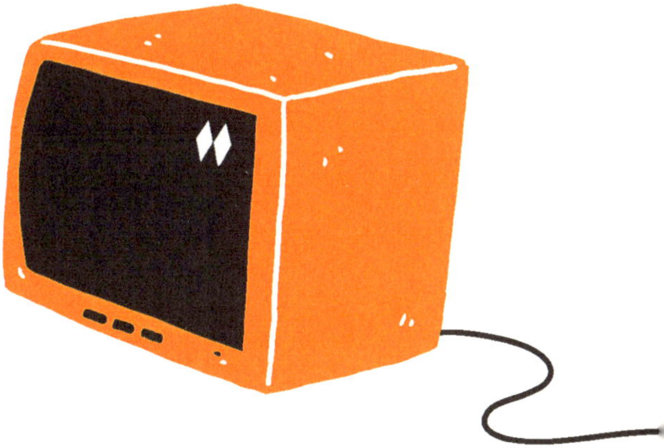

46. INSPIRATION

Pack deine Vergangenheit weg. Kümmere dich um das Karma der Menschen, die du liebst.

Hier beenden wir also die zweite Runde mit dieser Inspiration, die man unbedingt befolgen muss.

Gelegentlich ist die Vergangenheit hart, so hart, dass es wehtut. Deshalb sollte man die Dinge, die hinter einem liegen, manchmal einfach wegpacken. Nimm alles, was du nicht verwinden kannst, die Verluste, aus denen du keine Gewinne zu erzielen vermagst, und pack sie ein.

Wenn du deine Vergangenheit so verstaust, erreichst du damit etwas ganz Ungewöhnliches: Du beschließt nämlich, dass sie dich nicht mehr berührt.

Abgesehen vom Einmotten deiner Vergangenheit solltest du dich auch noch um das Karma der Menschen kümmern, die du liebst.

Beschütze sie mit deiner Energie, damit ihnen auch nichts zustößt.

Verstau das, was du nicht überwinden kannst, und kümmre dich um das Karma geliebter Menschen. Du entscheidest, was du wegpackst und wen du behütest, damit ihm nichts Schlimmes passiert.

23
Inspirationen über Menschen und Gefühle

47. INSPIRATION

Selbst zu lieben ist immer wertvoller, als geliebt zu werden.

Geliebt zu werden und es nicht zu erwidern ermüdet und erschlafft irgendwann.

Wer viel liebt, besitzt hingegen ein erhabenes Gut und muss nicht weitersuchen.

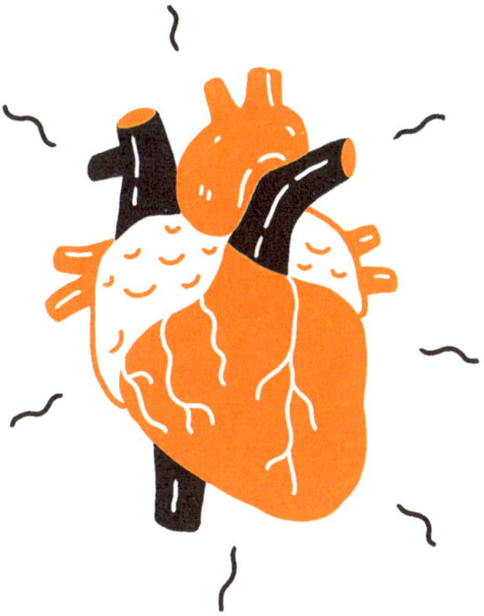

In diesem dritten Kapitel werden wir immer wieder über die Liebe und das Begehren sprechen.

Das Fühlen, der vierte Motor deines Lebens, ist eben das Allerwichtigste, lass deshalb die Dinge an dich heran und stumpf bloß niemals ab.

Vergiss auch nie, dass lieben stets machtvoller ist, als geliebt zu werden. Wenn dich jemand liebt, für den du nichts empfindest, wird dich das irgendwann ermatten.

Denk auch daran, dass all diese Dinge nur wichtige Köder und Sahnehäubchen sind. Die haben nichts damit zu tun, wer du bist und was du dir auf dieser Welt wünschst.

Wer sein ganzes Wesen in solche Beziehungen legt, wird sich leer fühlen.

48. INSPIRATION

»Ohne dich kann ich nicht leben.«

Und ob du das kannst.

»Okay, will ich aber nicht.«

Manchmal würde dich ein Partner allerdings so runterziehen, dass nicht mal die Liebe hilft.

Manchmal hilft nicht mal die Liebe. Auch wenn darüber keiner spricht – jemanden zu lieben heißt nicht automatisch, dass die Sache mit ihm auch funktionieren würde. Vielleicht solltest du diese Person besser lieben, indem du dich von ihr fernhältst. Gelegentlich fasziniert dich eben ein Mensch, durch den dein Leben zum Schlechten hin verändert würde. Das muss man dann akzeptieren. Dieses Gefühl kannst du in dir tragen, es kann der fünfte oder sechste Motor deines Lebens werden.

Das Leben besteht aus Verlusten, und aus den Verlusten in der Liebe lernt man wohl am meisten.

Wichtig ist auch, den Unterschied zwischen Wollen und Können zu verstehen. Manchmal möchte man nicht, dass etwas passiert, kann es aber nicht verhindern.

Von klein auf wurdest du immer wieder gefragt, was dir gefällt und was nicht. Aber dazwischen gibt es tausend Dinge, die dich kaltlassen, und die zeigen dir vielleicht auch einen interessanten Weg auf.

49. INSPIRATION

Nicht erwiderte Liebe ist die heftigste natürliche Droge.

Analog zur vorherigen Inspiration musst du auch begreifen, dass deine Liebe oder dein Verlangen von einem anderen Menschen vielleicht nicht erwidert wird. Und das kann dann zu einem Motor des Lebens werden, den man auch akzeptieren muss.

Wer dir einen Korb gibt, wird auch von anderen abgewiesen, die nichts von ihm wollen oder nicht in ihn verliebt sind.

Das Ganze ist ein Karussell aus eingebildeter Liebe mit lauter Fahrgästen, die gar nicht zu dir gehören. Sie haben gewissermaßen nur in deiner Fantasie existiert, dort konntet ihr allerdings euer ganzes Leben zusammen verbringen.

Du musst auf deine Wünsche nicht verzichten, die gehören ja zu deiner Gedankenwelt dazu. Sie sind eine natürliche Droge, die dich mit viel Energie versorgen wird. Und wenn dann doch mal jemand ja sagt, solltest du es natürlich genießen.

Das Leben besteht aus Wünschen, seien sie nun erfüllt oder nicht. Das Wichtigste ist einfach das Wünschen an sich.

50. INSPIRATION

Konzentriere dich nicht auf das, was die anderen dir zeigen, sondern auf das, was sie verbergen.

Was am besten versteckt ist, sagt am meisten über einen Menschen aus.

Verrat mir deine Geheimnisse, dann sag ich dir, was dich so besonders macht.

Wir haben alle Geheimnisse, die aber keine mehr wären, wenn wir sie jemandem verrieten. Und dann wären sie nicht mehr so machtvoll und energiegeladen.

Und deshalb musst du begreifen, dass gerade seine Geheimnisse das Besondere eines Menschen ausmachen. Dabei geht es gar nicht darum, fremde Geheimnisse zu enthüllen, sondern sie zu erahnen. Zu verstehen, warum jemand etwas verbirgt, ist eins der wunderbarsten Dinge auf Erden.

Meiner Meinung nach hilft uns das Verständnis des Verborgenen dabei, auch das Sichtbare zu verstehen. Und beides gehört zu den Begriffspaaren unseres Lebens.

Liebe und erkenne den Unterschied. Liebe und begreife, dass uns diese inneren Geheimnisse einzigartig machen.

Und wenn dir dann doch mal jemand sein Geheimnis anvertraut, ist das ein wahrer Glücksfall.

51. INSPIRATION

Am schwierigsten ist es nicht, sich selbst zu akzeptieren, sondern die anderen so anzunehmen, wie sie sind.

Wir sind alle unwissend, jedem fehlt jedoch eine andere Information.

Man muss sich nicht unbedingt selbst verändern, oft müsste vielmehr die Welt anders sein. Und so unglaublich es dir auch erscheinen mag: Jeder einzelne Mensch hat die Möglichkeit, die ganze Welt zu verändern.

Du musst nur das finden, was du umgestalten willst, und es dann einfach tun.

Es geht nicht darum, sich selbst zu akzeptieren, sondern die anderen Menschen.

Und dich auf die Welt, die Gedanken eines anderen einzulassen heißt auch, dich selbst besser zu verstehen.

Du kannst jeden Tag von Menschen lernen, die eigentlich den Eindruck machen, dass sie dir nichts beizubringen haben.

Dafür musst du dich nur deiner Unwissenheit gegenüber öffnen und dir eins in Erinnerung rufen: Um unsere Ängste zu überwinden, müssen wir von anderen Menschen lernen.

52. INSPIRATION

Liebe dein Chaos.

Liebe deine Einzigartigkeit und kämpfe gegen jene an, die uns alle gleichmachen wollen.

Ob man dich als anders oder gleich empfindet, hängt schließlich nur davon ab, wie viele auf deiner Seite sind.

Dein Chaos – das, was die Menschen an dir nicht begreifen oder gern ändern würden – macht dich einzigartig. Jeder ist sein eigenes Chaos.

Und deshalb ist es auch gar nicht schlimm, wenn dich jemand nicht versteht. Stattdessen soll er einfach dein Chaos lieben. Und wenn du selbst mit jemandem nichts anfangen kannst und er dir nicht guttut, dann sag ihm: »Liebe dein Chaos, aber so weit weg von mir wie möglich.«

Das Chaos ist die Persönlichkeit ohne Urteil oder Moral. Es ist das, was einen ausmacht, wozu man bestimmt ist.

Im Leben ist es deine Pflicht, dein Chaos zu finden, zu verstehen und irgendwann auch zu lieben.

Es macht dich zu etwas Besonderem. Liebe deine Andersartigkeit, liebe dein Chaos, liebe all das, was dich einzigartig macht.

Und denk dran, dass »anders« oder »ähnlich« nur davon abhängt, wie viele auf deiner Seite sind.

53. INSPIRATION

Um zu leben, muss man leben, das dürfen wir nie vergessen.

Sterben ist nicht traurig, traurig ist allein, nicht intensiv zu leben.

Geh Risiken ein, das ist immer die Antwort.

Um zu leben, muss man leben. Das Verb »leben« zu konjugieren ist im Leben ganz fundamental. Geh Risiken ein, so lautet immer die Antwort.

Sag dir, dass jeder Tag dein letzter ist, dass du heute sterben wirst. Du wirst schon sehen, wie wunderbar dir dann alles erscheint, wenn du am nächsten Morgen wach wirst und noch am Leben bist. Lebendig zu sein verleiht dem Leben seinen Sinn.

Vor allem musst du aber auf deine Art und Weise leben. Was bringt es dir denn, dich Regeln zu unterwerfen, die du nicht selbst gemacht hast, die dir andere auferlegen? Kämpf um deine eigenen Regeln.

Und denk immer daran: Sterben ist nicht traurig, es gehört einfach zu dem dazu, was dich als Naturgesetz ausmacht. Traurig ist nur, nicht intensiv zu leben. Niemand kann dein Leben für dich leben.

Und niemand wird für deine Träume kämpfen, wenn nur du sie kennst. Teile dein Universum mit anderen und leb es.

54. INSPIRATION

**Finde etwas,
was du dir gern
ansiehst, und dann
schau's dir an.**

Wir haben alle eine Leidenschaft, man muss sie nur entdecken. Such etwas, was du dir gern ansiehst, und schau es dir an. Finde etwas, was du gern tust, und tu es.

Dafür braucht man Zeit und Begeisterung. Bedenke immer, dass jeder zwei Geburtstage hat: der Tag, an dem er geboren wurde, und der Tag, an dem er dem Leben gegenüber aufgewacht ist.

Vermutlich wirst du am Tag deiner zweiten Geburt auch den Grund erkennen, aus dem du hier auf Erden bist. Das wird sicher ein spannender Moment!

Und er wird neue Geburtstage mit sich bringen. Wenn du nämlich erst einmal erkannt hast, wozu du auf dieser Welt bist, ist der Prozess nicht mehr aufzuhalten.

Wer ein Wozu hat, kann sich auch jedem Wie stellen.

55. INSPIRATION

Verpass es nicht, wenn dein Bettnachbar morgens ins Leben zurückkehrt.

Liebe den Autositz, auf den dich das Leben gerade setzt.

Jemanden aufwachen zu sehen ist ein Geschenk. Man kann dabei beobachten, wie das innere Ich sich langsam zurückzieht und das äußere wieder erwacht. Das ist eine tägliche Geburt, an die wir uns nie gewöhnen werden und die wir immer genießen sollten.

Auf dieselbe Art sollten wir uns auch niemals an den Autositz gewöhnen, auf den uns das Leben setzt.

Für mich ähnelt das mit dem Auto unserem ganzen Dasein.

Als kleines Kind musst du immer hinten sitzen, und wenn deine Geschwister geboren werden, quetschst du dich eben in die Mitte. Mit sechzehn steigst du zum Beifahrer auf, und wenn du den Führerschein machst, kannst du dann endlich selbst fahren.

Aber mit den Jahren trittst du vielleicht den umgekehrten Weg an, wirst zunächst wieder Beifahrer und landest irgendwann erneut hinten.

Am Ende deiner Tage gehört das Auto dann einem anderen, und du liegst im Kofferraum. Durch das Leben kommst du herum, es bewegt dich. Versuch dabei nicht, ewig jung sein zu wollen, das ist doch der dümmste Fehler, den man machen kann.

Liebe deinen Platz auf der Welt. Liebe jeden Tag, den du durchlebst.

56. INSPIRATION

Es ist furchtbar und irgendwie gruselig, jemanden zu vermissen, den man nie besessen hat.

Jemanden zu besitzen ist generell ein Fehler.

Du solltest einen anderen Menschen nicht für dich selbst wollen, sondern ihn mit der Natur und der Welt teilen.

Einsamkeit und Unabhängigkeit sind nicht dasselbe, obwohl gewählte Einsamkeit und eroberte Unabhängigkeit sich ähneln.

Diesen Satz solltest du im Hinterkopf behalten, wenn du jemanden vermisst, den du nie besessen hast.

Manchmal leiden wir, weil wir uns jemanden oder etwas in unserem Leben gewünscht haben, aber zurückgewiesen oder verlassen wurden. Dann müssen wir uns in Erinnerung rufen, dass diese Person oder Sache niemals uns gehört hat, dass wir sie nie besessen haben.

Etwas zu besitzen ist ein Fehler. Dir gehört gar nichts. Wenn du etwas nur für dich selbst willst, dann wirst du es früher oder später wieder verlieren.

Deshalb solltest du mit der Natur teilen, was du hast.

57. INSPIRATION

Sei ein Vampir grundlegender Gefühle.

Im Leben verbringen wir 25 Jahre mit Schlafen, 8,3 Jahre vor dem Fernseher, 7,5 Jahre bei der Arbeit, 6 Jahre mit Essen, 5 Jahre mit Hausarbeit, 5 weitere Jahre mit Warten, 4,1 Jahre auf der Toilette und 4 Jahre mit Träumen. Tatsächlich verbringen wir auch 6,9 Monate mit Bücherlesen, 4,4 beim Sport und 3 Monate damit, unsere Schlüssel zu suchen.

Diese Liste könnten wir noch ewig fortsetzen, wichtig ist dabei jedoch eins: Die Zeit, in der wir grundlegende Gefühle suchen und genießen, ist furchtbar kurz. Dabei sollte sie doch im Mittelpunkt stehen.

Diese Emotionen nähren dich und geben dir Energie. Wir stellen unsere grundlegenden Gefühle gern in die Ecke, tatsächlich sollten wir uns jedoch auf die Jagd nach ihnen machen, weil wir uns durch sie lebendig fühlen.

Sei jeden Tag ein Vampir dieser grundlegenden Gefühle.

58. INSPIRATION

Sei mutig im Leben, in der Liebe und beim Sex.

Wenn du dich um die kleinen Dinge kümmerst, wirst du sie in große verwandeln.

Wenn du dich nur um die großen kümmerst, wirst du immer klein bleiben.

Im Leben, in der Liebe und beim Sex muss man mutig sein. Mutig sein bedeutet, seine eigenen Bedürfnisse, Wünsche und Interessen zu akzeptieren, auch wenn die Leute sie nicht verstehen.

Außerdem darf man auch nicht vergessen, dass wir geboren wurden, um Wünsche zu haben.

Unser Körper hat ganz bestimmte Nervenzellen, durch die wir die Lippen eines anderen Menschen auch im Dunkeln finden. Wir sind eben dafür programmiert, etwas zu fühlen.

Mutig wird man nach und nach, und um ein mutiger Mensch zu werden, muss man erst einmal ein kleiner Feigling gewesen sein.

Denk auch daran: Wenn du dich im Leben um die kleinen Dinge kümmerst, wirst du immer groß sein. Wenn du nur für die großen Dinge Augen hast, bleibst du ewig klein.

59. INSPIRATION

Wir sind von 23 Gelben umgeben.

Wir finden im Jahr zwölf Perlen.

Wir besitzen drei Diamanten und einen Splitter vom selben Kristall.

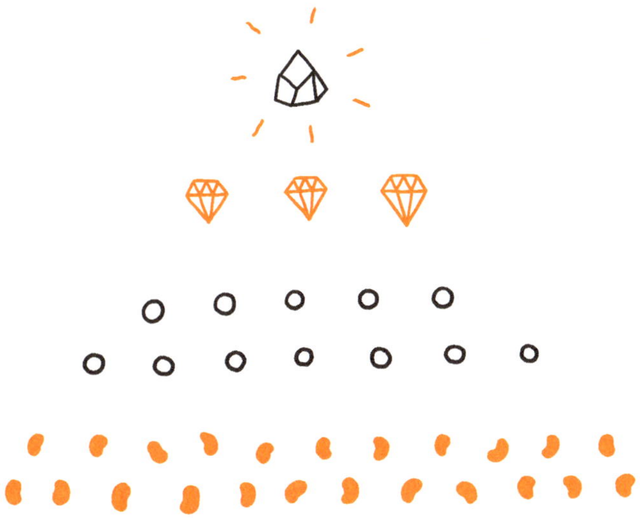

Gelbe sind eine neue Variante von Freunden. Es handelt sich bei ihnen um Personen, die weder exakt Liebhaber noch Freunde sind, sondern eine Mischung aus beidem. Diese Menschen, denen du über den Weg läufst und die mit einem einzigen Gespräch dein Leben verändern können.

Jeder hat 23 Gelbe, besondere Menschen, die einfach alles sind und zwischen Freundschaft und Liebe stehen.

Abgesehen von diesen 23 Gelben muss man noch die zwölf Perlen des Jahres finden. Zwölf Personen, die du im Januar noch nicht kanntest, die im Dezember aber zu deiner Welt gehören.

Unter all diesen Perlen, die du im Lauf deines Lebens entdecken wirst, wird es drei Diamanten geben, die mehr als alle anderen leuchten.

Such diese Gelben, Diamanten und Perlen voller Hingabe. Und die Splitter vom selben Kristall …

60. INSPIRATION

Worte werden überbewertet.

Es ist ja nicht so, als hätte ich dir nichts zu sagen, ich hab dir einfach nur schon alles erzählt.

MUTE

Manchmal hat man im Leben bereits alle möglichen Worte mit einem anderen Menschen gewechselt.

So ist das Leben, Freundschaft und Liebe müssen sich immer wieder erneuern.

Versuch zu verstehen, dass du von Zeit zu Zeit einen Neuanfang mit diesem Menschen brauchst. Und zwar nicht, weil du ihm nichts mehr zu sagen hast, sondern vielmehr deshalb, weil du ihm schon alles gesagt hast.

Es geht nicht darum, Worte anzuhäufen.

Nicht die Menge ist entscheidend, sondern die Intensität.

Sag das, was du sagen möchtest, und liebe die Stille, die nicht zu dir gehört. Hab keine Angst vor dem Ende und liebe Neuanfänge.

61. INSPIRATION

Du musst laut schlagen, damit die Welt weiß, dass du existierst.

Wenn es so einfach ist, das Spielfeld zu verlassen, warum spielen wir dann weiter?

Es sollte Vorschrift sein, möglichst laut zu pulsieren, damit die Person an deiner Seite dich nicht übersehen kann.

Niemand sollte einen anderen Menschen, ein anderes Naturgesetz, ignorieren. Wir müssen uns doch erfüllen.

Laut zu schlagen ist für das Leben auf diesem Planeten fundamental. Hab keine Angst davor, laut zu pulsieren. Das hier ist dein Leben, du musst zeigen, was dir gefällt, was du sein willst und was du gern tust.

Es ist so einfach, das Spiel des Lebens hinter uns zu lassen. Aber wir machen trotzdem weiter, weil es eine Geschichte zu erzählen gibt, die wir fühlen und mit dem Rest der Welt oder mit uns selbst teilen wollen.

Pulsiere. Vergiss das nie. Schlag laut. Und lausche dem Herzschlag der Menschen, die du liebst.

62. INSPIRATION

Glücklich ist nur, wer frei ist. Und frei ist nur, wer seine Bestimmung erfüllt.

Wir sind alle Kindheitstraumata.

Man kann Sklave eines Vergnügens werden – das größte Vergnügen besteht jedoch darin, sich in keiner Hinsicht zum Sklaven zu machen.

Diesen Satz solltest du jedem Baby zuflüstern, und wir dürfen ihn niemals vergessen: »Du kannst alles sein, was du willst.« Man muss es sich nur vornehmen.

Die Freiheit, das zu sein, was man will, ist kein Hirngespinst. Sie ist eine Realität, die man umsetzen muss.

Lauf nicht vor der Person weg, die du eigentlich sein solltest.

Den Charakter eines Menschen bestimmen die Probleme, denen man nicht entkommen kann, und das schlechte Gewissen wegen all der Probleme, um deren Lösung man sich gedrückt hat.

Ihretwegen kannst du nachts nicht schlafen, und sie lassen dich nicht das werden, was du sein sollst. Aber es ist nie zu spät, um dich in diesen Menschen zu verwandeln.

Also, denk immer daran, wir sind Kindheitstraumata, doch die können geheilt werden. Du kannst das verwandeln, was man dir verboten hat, was man dich zu akzeptieren gezwungen und was man dir weggenommen hat.

63. INSPIRATION

Bleib allein und fühle.

Vergiss das nie: Von jetzt an wirst du nie mehr allein sein. Der da drin wird dich immer begleiten. In ihm steckt dein Kind, das niemals groß geworden ist, und ihn kann dir niemand wegnehmen.

Der da drin wird dir immer Gesellschaft leisten.

Die Welt möchte eben, dass du gut unterhalten wirst, dass du mit deinen Gedanken nicht allein bist. Kämpfe gegen das Gefühl an, immer irgendwas tun und mit der Außenwelt in Verbindung stehen zu müssen.

Du solltest auch Zeit darauf verwenden, mit dem anderen zu reden. Spür dieses Alleinsein, das in Wirklichkeit das Gefühl ist, immer Gesellschaft zu haben.

Flieh nicht vor dieser Einsamkeit, weil du in ihr gute Gesellschaft finden wirst.

64. INSPIRATION

Manche Menschen sind Splitter desselben Kristalls.

Wir haben jetzt schon über Gelbe, Diamanten und Perlen gesprochen …

Außerdem gibt es da auch noch Versprengte. Das sind jene Menschen, die du am anderen Ende der Welt finden kannst, wohin das Universum sie für dich geschickt hat. Damit du sie auch erkennst, wurden sie mit ähnlichen Charakteristika ausgestattet wie du. Gelegentlich sind diese Ähnlichkeiten äußerlich, aber manchmal mögt ihr einfach nur denselben Film, dasselbe Lied oder dieselbe Farbe.

Und dann gibt es da noch die höchste Form der Verbundenheit.

Die verspürst du zu Menschen, die Splitter desselben Kristalls sind. Zwei so vereinten Menschen ist ein Teil ihres inneren Wesens gemein, das tief in ihnen liegt. Wir sprechen hier von unglaublich starken Banden, die man scheinbar durch keine Logik erklären kann.

Solche ganz besonderen Menschen sind Splitter desselben Kristalls, Teile derselben inneren Person, derselben Seele, desselben Flüsterns und Wunschs.

65. INSPIRATION

Was hättest du denn gern auf deiner Pizza?

Wir sind Naturgesetze, die sich erfüllen müssen.

Diese Frage solltest du dir jeden Tag stellen: Was hättest du gern auf deiner Pizza? Du solltest dich nicht einfach mit dem Belag zufriedengeben, den andere für dich aussuchen. Verzichte nicht auf das, was du brauchst oder dir wünschst.

Sich über seine Bedürfnisse klar zu werden, darüber, was einen glücklich macht oder was man lieber von seiner Pizza runternehmen würde – das ist auf dieser Welt wohl am schwierigsten.

Vergiss nie, dass wir Naturgesetze sind und uns erfüllen müssen. Jeder Mensch ist ein Naturgesetz, und wenn es sich nicht erfüllt, richtet sich das gegen sein eigenes Wesen.

Wie schon *Der Kleine Prinz* gesagt hat: Das Wesentliche ist für die Augen unsichtbar.

Such zusammen mit deinem inneren Ich nach dem, was du brauchst, und zwar in dir selbst.

66. INSPIRATION

Ein toller Trick, um zu erkennen, ob du jemanden liebst:

Schließ die Augen.

Liebst du, oder wirst du geliebt? Begehrst du jemanden, oder wirst du begehrt? Woher sollst du wissen, wie deine Liebe aussieht? Gibt es sie überhaupt?

Auf all diese Fragen wirst du keine Antwort finden, such nicht länger danach.

Wenn man doch für seine Liebe so wie für einen Autounfall nach Augenzeugen suchen könnte: »Wer unsere Liebe an jener Straßenkreuzung in Boston gesehen hat, möge sich doch bitte melden!«

Schön wär's …

Tatsächlich kann man solche Dinge nicht sehen. Um sich darüber Klarheit zu verschaffen, gibt es nur eins: Mach die Augen zu und lass dir von deinem inneren Ich sagen, was du empfindest.

Mehr gibt es da nicht, akzeptiere eben, dass die Antwort auf die komplizierteste Frage ganz einfach ist.

67. INSPIRATION

Liebe ist wie Schach.

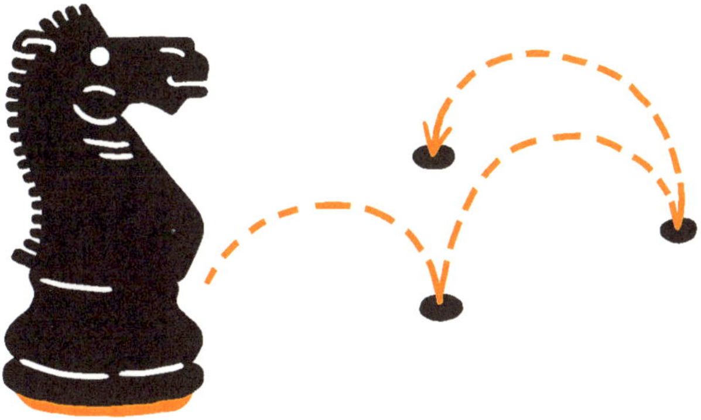

Nicht alle lieben gleich, jeder hat da seinen Rhythmus, seine ganz eigene Art. Kino und Theater haben die Liebe beeinflusst: Melodrama, Klassiker, der Neorealismus …

In Wirklichkeit ist Liebe aber wie Schachspielen. Es gibt Leute, die wie der Läufer oder Turm schnelle Züge mögen. Andere lieben auf merkwürdige Art und Weise – wie der Springer, der genau das Gegenteil von dem empfindet, was er sagt.

Und dann gibt es noch weitere, die wie die Bauern gar nicht lieben können und immer nur kleine Schritte machen. Aber auf diese Art und Weise gelangen sie irgendwann ans Ende des Spielbretts und können dort ihre Art zu leben verwandeln.

Vertrau deinen Spielzügen, deiner Art, die Dinge zu tun. Respektiere aber auch die Züge der anderen. Sie haben nämlich immer die Möglichkeit, durch viel oder keine Liebe das Ende des Spielbretts zu erreichen und so ihre Art zu lieben zu verändern.

68. INSPIRATION

Lass Umarmungen zwei Minuten dauern, um Risse in der Energie des anderen zu hinterlassen. Viele Leute haben ein dickes Fell. Die brauchen eben kräftige Zärtlichkeiten.

Kommen wir zur Sache mit dem Umarmen: Die meisten Leute wissen einfach nicht, wie man das richtig macht.

Such dabei nach dem Herzen des anderen, man muss sich immer Herz an Herz drücken.

Außerdem sollte so eine Umarmung mindestens zwei Minuten dauern, sie beginnt nämlich erst danach zu wirken.

Nach zwei Minuten beginnst du mit dem anderen zu verschmelzen, weil seine Energie erste Risse bekommt. Diesen Moment kannst du nutzen, um ihm etwas Wichtiges zu sagen. Weil seine Energie geschwächt ist, wird sich erfüllen, was auch immer du ihm jetzt zuflüsterst.

Und denk daran, dass manche Menschen ein so dickes Fell haben wie ein Pferd und deshalb besonders kräftige Zärtlichkeiten brauchen.

Versetz dich in ihre Lage und fühle.

69. INSPIRATION

Führ in deinem Leben Sex-Autopsien durch.

In der letzten Inspiration geht es um Sex und seine Notwendigkeit. Überleg dir genau, was du brauchst. Sex ist so viel auf einmal, und da muss jeder seinen eigenen Weg finden. Nichts von all dem, was du bis jetzt gesehen oder geglaubt hast, ist Sex.

Sex ist etwas ganz Persönliches, eine individuelle Ausdrucksweise. Jeder muss in sich selbst hineinschauen und herausfinden, was er braucht und wie er es braucht.

Vertrau keiner Emotion, die du nicht selbst empfunden hast.

Eigentlich müssten wir noch im Leben Sex-Autopsien durchführen, um herauszufinden, welchem Teil unseres Körpers noch keine Umarmungen, Wünsche oder Zärtlichkeiten zuteilgeworden sind. Und das müssen wir dann umgehend ändern.

Wir sollten dabei aber auch verstehen, dass Liebe und Sex nur Köder sind. Viel wichtiger ist alles, was sie umgibt.

3

Inspirationen in Form von süßen Scheren, die die Speiseröhre berühren

Ich hoffe, du hast diese drei Gruppen von 23 Inspirationen tief eingeatmet.

Jetzt musst du aber noch dein Umfeld einatmen, Worte, Wünsche, Erinnerungen und Orte, die dich glücklich machen. Das alles nenne ich »süße Scheren«.

Ich erzähle euch mal, woher diese Bezeichnung kommt: Einer meiner Freunde hat eine Katze, die immer völlig durchdreht, wenn er ihr mit der Schere ein Stück Kochschinken abschneidet. Das ist für sie das süßeste Geräusch und macht sie augenblicklich glücklich.

Deshalb spreche ich von »süßen Scheren« und stelle mir gern vor, dass es überall solche tollen Laute für Katzenohren gibt.

Jeder muss seine eigenen süßen Scheren suchen, kleine Dinge, die ihn glücklich machen, wenn er sie nur hört. Das können Hobbys, Sätze, Leidenschaften, Geschichten oder Fragmente sein.

Für mich ist dieses Buch an sich schon eine süße Schere, und ich hoffe, dass es euch da ähnlich geht.

Ich habe für diesen Text versucht, alle Klänge, Düfte, Worte und Inspirationen zusammenzutragen, die mich jeden Tag glücklich machen.

Die süßen Scheren stammen aus deinem Umfeld, sind ganz greifbare Dinge, die dich stets begleiten, zu deinem Universum dazugehören und dich jeden Tag glücklich machen können. Atme deine süßen Scheren ein!

Jede süße Schere ist ganz persönlich, daher muss man seine selbst finden.

In diesem Buch zeige ich meine eigenen süßen Scheren, auf den Seiten ist aber auch noch Platz, damit du deine hinzufügst. Vielleicht kann ich die ja eines Tages lesen und diese Klänge hören, durch die du dich lebendig fühlst.

Nichts finde ich aufregender als die süßen Scheren eines anderen.

In diesem Kapitel findest du drei Sorten von süßen Scheren, nämlich:

- Zitate, die mir beim Glücklichsein helfen, mich mit Leben erfüllen, die ich fast jeden Tag einatme.
- Fragmente, die mir die Gegenwart durch einen Blick in die Vergangenheit versüßen.
- Empfehlungen, ganz besondere süße Scheren in Form von Filmen, Musik, Bildern und Orten.

Wie immer findest du in jedem Abschnitt 23 Inspirationen, zum Einatmen und auch zum Vervollständigen.

23 inspirierende Zitate, die meine Welt bestimmen

Diese 23 Zitate inspirieren mich. Auch die Menschen dahinter bewundere ich und hoffe wirklich, dass ich sie einst nach meinem Tod treffen werde.

Ich habe große Lust, ihr anderes Ich zu sehen, mit ihnen zu sprechen und sie atmen zu hören.

Ich empfehle dir auch, dass du nicht nur ihre Zitate liest, sondern dich mit ihren Büchern, Liedern oder Gemälden vertraut machst und sie einatmest.

Und nach dem Einatmen ihrer Zitate fügst du hoffentlich deine eigenen hinzu.

Jeder hat 23 Zitate, die sein Schicksal bestimmen.

»Leben ist das, was passiert, während man gerade andere Pläne schmiedet.«

John Lennon

»Die Zukunft kommt mit 60 Minuten pro Stunde näher, egal, wer du bist oder was du tust.«

C. S. Lewis

»Wer nicht lieben oder sich kreativ ausleben kann, fällt der Zerstörung anheim.«

César Manrique

»Jedes Chaos ist nur eine Ordnung, die man noch finden muss.«

Denis Villeneuve

»Wir leben in einer Welt, in der die Menschen sich verstecken, um sich zu lieben … Gewalt wird jedoch am helllichten Tag ausgeführt.«

John Lennon

»Die Jugend wäre ein Idealzustand, wenn sie im Leben nur etwas später käme …«

Herbert Asquith

»Den Charakter eines Menschen bestimmen die Probleme, denen er nicht aus dem Weg gehen kann, und das schlechte Gewissen wegen der Probleme, denen er aus dem Weg gegangen ist.«

Arthur Miller

»Such nicht nach Fehlern, sondern nach Lösungen.«

Henry Ford

»Es ist nicht so, als würden sich die Dinge ändern. Wir verändern uns.«

Henry David Thoreau

»Ich erkenne keine Pflicht anderen Menschen gegenüber an, nur diese: ihre Freiheit zu respektieren und nicht einer Sklavengesellschaft anzugehören.«

Ayn Rand

»Manchmal hab ich das Gefühl, in einem Land mit lauter Irren zu leben.«

J. F. Kennedy (am Tag vor seiner Ermordung)

»Eines Tages ist uns das Schwarz ausgegangen, und dann wurde der Impressionismus geboren.«

Pierre-Auguste Renoir

»Unsere Tiger trinken Milch,
unsere Falken gehen zu Fuß.«

Wislawa Szymborska

»Wer nicht so handelt, wie er denkt, wird
schließlich so denken, wie er handelt.«

Blaise Pascal

»Wenn es dich glücklich gemacht hat,
zählt es nicht als Fehler.«

Bob Marley

»Wer seine Träume nicht nährt,
wird früh alt.«

William Shakespeare

»Jedes Kind ist ein Künstler. Das Problem besteht darin, Kind zu bleiben.«

Pablo Picasso

»Es gibt zwei Arten, sein Leben zu leben: entweder so, als wäre nichts ein Wunder, oder so, als wäre alles eins.«

Albert Einstein

»Lebe so, als würdest du morgen sterben. Lerne, als würdest du für immer leben.«

Gandhi

»Wer den Hafen nicht kennt, in den er segeln will, für den ist kein Wind der richtige.«

Seneca

»Sinn kann nicht gegeben, sondern muss gefunden werden.«

Viktor E. Frankl

»Es sollte verboten sein, nicht jeden Tag wie seinen letzten Atemzug zu leben.«

Pablo Neruda

»In deinem Leben brauchst du nur den einen Menschen, der dir zeigt, dass er dich in seinem braucht.«

Oscar Wilde

23

Fragmente, die die Vergangenheit in Gegenwart verwandeln

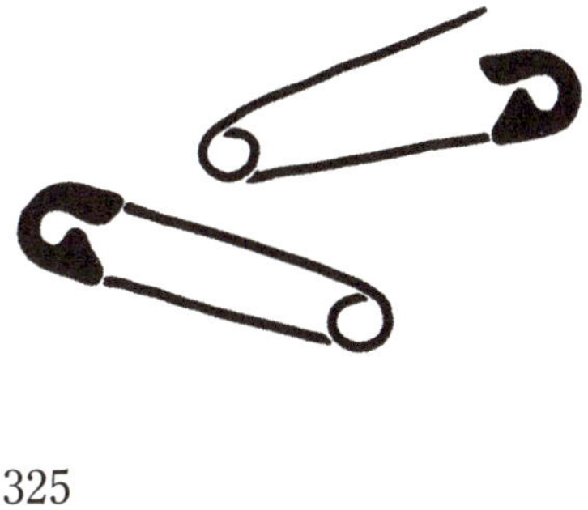

Auf den nächsten Seiten zeige ich dir meine Fragmente, Erinnerungen an ein Leben, die zum Einatmen da sind. Manchmal können einem die Düfte der Vergangenheit dabei helfen, sich der Gegenwart zu stellen …

Man soll nicht nur die Gegenwart einatmen, sondern auch die Vergangenheit nutzen.

Diese Fragmente gehören mir, ich leihe sie dir aber gern, bis du deine eigenen zusammengestellt hast. Es ist ganz wichtig, dass du selbst 23 Fragmente notierst und sie einatmest.

Du wirst sehen, dass sie wie kleine Gedichte sind, fast wie Haikus, Erinnerungen, die duften und über das Persönliche hinausgehen.

Die Vergangenheit ist das Schießpulver für die Glücksexplosion der Gegenwart.

Vielleicht bist du manchmal traurig, hast das Gefühl, dass du im Leben die Richtung verloren hast. Dann können dich diese Fragmente augenblicklich wieder auf den richtigen Weg bringen. Du musst auf sie zusegeln und dich von ihnen zum Glück bringen lassen. Oder du könntest dich in deinem Traurigsein einfach von diesen Fragmenten begleiten lassen.

Traurigkeit ist nichts Negatives, sie gehört zu den Begriffspaaren, über die wir ja bereits gesprochen haben. Oft ist Traurigkeit nur aus dem Zusammenhang gerissenes Glück.

In der Vergangenheit kannte dein inneres Ich noch die Richtung. Damals hat es nach den Zügeln deines Lebens gegriffen, deshalb sind diese Momente ja so kraftvoll.

Zwar ist die Heimat dieser Fragmente die Vergangenheit, die Kindheit; sie könnten aber auch aus jeder anderen Zeit stammen.

Es lassen sich überall dort Fragmente finden, wo es Erinnerungen ans erste Mal gibt. Trag sie zusammen und atme sie ein.

In einem einzigen Satz kann man sie so definieren: Diese Fragmente sind Erinnerungen, die wir alle miteinander teilen, über die wir aber nie sprechen.

Solche Lebensfragmente sind kleine Dinge, die wir zusammen mit unterschiedlichen Menschen tausendmal gemacht haben. Durch den besonderen Status als erstes Mal haben sie sich auf besondere Weise in unser Gedächtnis eingebrannt.

Die Fragmente durchqueren viele Altersstufen, sie sind zeitlos, die Essenz des Lebens. Dabei unterwerfen sie sich keiner Mode und kreisen normalerweise um deine liebste Jahreszeit.

Um auf deine eigenen Fragmente zu stoßen, kannst du deine Fantasie, Träume, Geschmäcker und Gerüche nutzen. Sie werden dich zum Leuchten bringen.

Hier stelle nun ich meine 23 Fragmente vor, von denen manche Doppelfragmente sind, weil es sich um Begriffspaare handelt.

In meiner Kindheit hat meine Mutter mir immer gesagt, dass ich nicht in die Waschmaschine starren soll. Aber ich war eben noch klein und hab nicht auf sie gehört. Mit der Zeit ist mir dann klargeworden, dass sie recht hatte. Man kann nicht als Kind die Waschmaschine anstarren und erwarten, dass das später keine Probleme mit sich bringt.

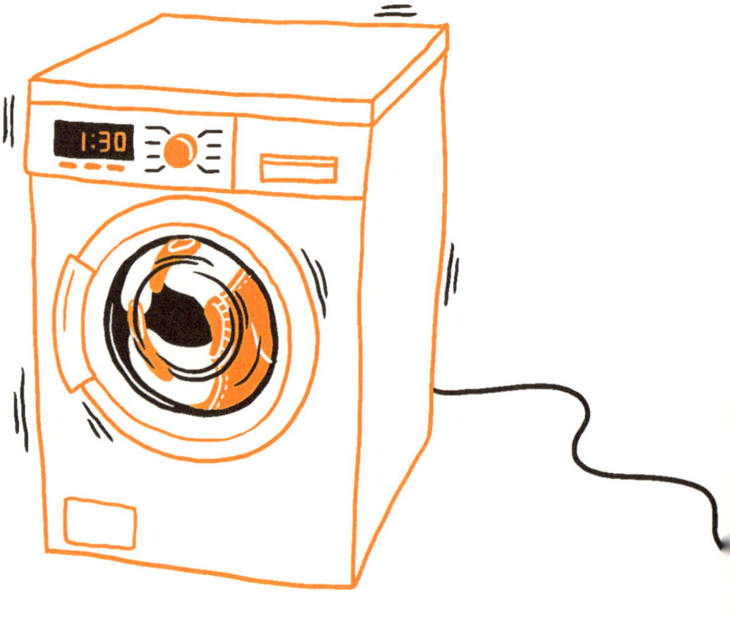

Der Winter, wenn Kiefernzweige verbrannt werden und das Laub unter den Schritten knirscht. Es ist kalt und riecht ganz winterlich, du bist dick eingemummelt auf dem Heimweg. Draußen ist es schon dunkel, du läufst allein die Straße entlang, und es duftet nach Winter.

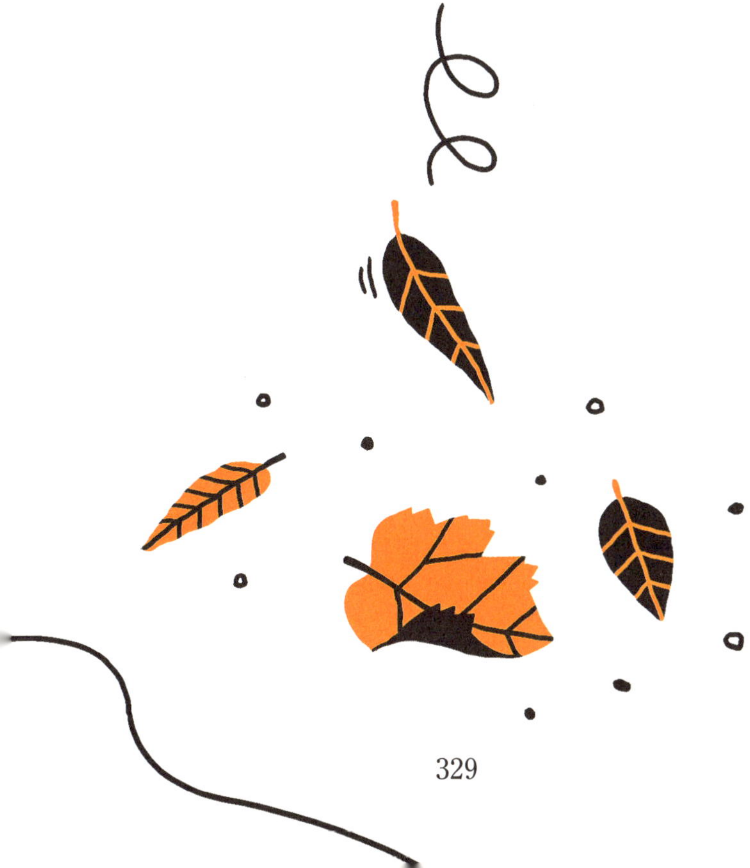

Wenn ich krank war, war das Schönste daran für mich der Gedanke, dass ich am nächsten Tag vielleicht nicht in die Schule musste. Deshalb hab ich nachts für meine Mutter extralaut gehustet.

Wenn ich dann beim Wecken am nächsten Morgen ein besonders leidendes Gesicht aufsetzte, holte sie das Thermometer und … Bingo! Ich durfte zu Hause bleiben.

Sie hat mir das Frühstück ans Bett gebracht und mir ein Comicheft gekauft, später durfte ich dann fernsehen, meine Actionfiguren rausholen und mir alte Fotoalben ansehen …

Aber am Nachmittag kam dann immer ein Kind aus meiner Klasse vorbei und erzählte, wie toll es diesen Morgen in der Schule gewesen war, dass alle zusammen gespielt und rumgealbert hatten. Das hatte ich komplett verpasst, und dann kam mir die Bettdecke plötzlich bleischwer vor, und ich hatte überhaupt keine Lust mehr aufs Kranksein. Am nächsten Tag hatte ich deshalb die Nase voll und bin aufgestanden, um mir den Schulkittel anzuziehen, der plötzlich fast wie neu roch …

Und dann wurde mir auf einmal klar, dass es viel besser war, nicht krank zu sein, in den Pausen zu spielen und vielleicht sogar neue Freundschaften zu schließen …

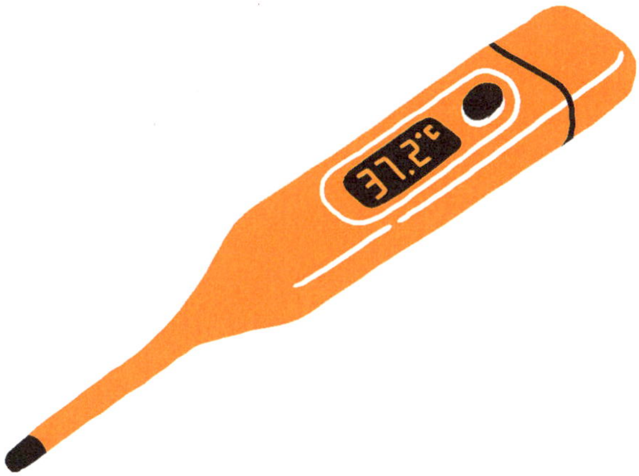

Es ist spät, nach dem Fußballspiel hatten es alle eilig; und zu Hause stellst du dann fest, dass du die Jacke eines anderen angezogen hast. Du steckst die Hände in die Taschen und entdeckst so ein bisschen über das Leben dieses Jungen …

Seine Interessen und Hobbys, seine Eigenschaften …

Das hattest du überhaupt nicht vor, es war nicht deine Absicht, du hast nicht danach gesucht … und durch Zufall erfährst du nun auch etwas über dein eigenes Leben …

Über deine Schwächen, deine Interessen und Fehler, Entdeckungen und Veränderungen.

Der Duft von Mandarinen
an den Fingern, ein Geruch, der dich
in den Essraum der Schule
zurückversetzt, in dem auf den
Tischen grüne oder braune
Glasteller mit grauenhaftem
Fraß standen. Du wolltest
immer der Erste sein, der hier
verschwindet und zum Spielen
nach draußen läuft …

Wenn dir eines Tages plötzlich klar
wird, dass du eine
Charaktereigenschaft verloren hast,
die du an dir bewundert hast …

Wenn du jemand warst,
den nichts überraschen konnte,
der immer schon alles vorhergesehen
hatte, und dich eines Tages
alles völlig unvorbereitet trifft
und verblüfft …

Es sind eben einfach ein
paar Jahre verstrichen, dein
Platz auf dieser Welt hat sich
verschoben, verändert.

Ein Auto, eine Sommernacht, es ist schon spät, vielleicht zwölf oder ein Uhr, wir fahren eine kurvige Straße entlang. Mein Vater sitzt am Steuer, und meine Mutter schläft ans Fenster gelehnt.

Niemand sagt etwas, es ist nur die Stimme des Sprechers im Radio zu hören. Ich schaue aus dem Fenster, und mir kommt es so vor, als würde ich in der Dunkelheit ein kleines Tier hopsen sehen. Im Hintergrund ertönt jedes Mal die Melodie der Scheinwerfer, wenn uns ein anderer Wagen entgegenkommt: Fernlicht – Abblendlicht,

klick-klick, klick-klick, klick-klick …

Wenn damals deine Eltern von einem Abendessen oder einem Elternabend zurückgekommen sind …

Du hast sie im Flur gehört, weil du noch wach warst, wusstest aber nicht so recht, ob du es ihnen sagen solltest. Schließlich hast du dann doch gerufen. Sie haben das Licht angemacht und irgendwie nach draußen gerochen. Dann hat sich deine Mutter zu dir aufs Bett gesetzt und dir vom Abend erzählt, während du im Hintergrund deinen Vater hören konntest, der sich gerade die Krawatte abgenommen hat …

Der Zauber des Augenblicks, magische Momente, die kommen und gehen, vom Wind verweht werden und mit den Erinnerungen zurückkehren. Der Zauber des Augenblicks, magische Momente, die kommen und gehen, mit den Erinnerungen verschwinden und vom Wind zurückgebracht werden.

Ein triumphaler Augenblick, bei dem man im Mittelpunkt steht, eine Situation, die das ganze Leben verändern, als Maßstab für spätere Erfolge gelten wird.

Beim Abendessen hab ich manchmal so ein Theater gemacht, dass meine Mutter wütend wurde, mir eine kleine Standpauke hielt und mich in die Küche verbannte.

Da saß ich dann allein und wusste nicht so recht, ob ich den Teller leeressen oder alles in den Müll werfen sollte …

Im Hintergrund konnte ich meinen heißgeliebten Fernseher und die Unterhaltung meiner Familie hören, Gesprächsfetzen, die verflogen. Erst am Ende der Mahlzeit rief mich meine Mutter wieder und fragte: »Möchtest du Obst oder Käse?«

Wenn du dich auf dem
Heimweg von einem Schulkameraden
verabschieden musstest (meistens
auf Höhe einer Ampel) …

An diesem Punkt hat er
eine andere Richtung als du
eingeschlagen … und die Trennung ist
euch schwergefallen … ihr habt noch
ein bisschen geredet … und dann die
aufkeimende Freundschaft mit einer
Verabredung für später oder den
nächsten Tag besiegelt …

Aufräumen … Wenn du dein Zimmer aufräumen sollst und dort auf Fragmente deines Lebens triffst … Sätze, an deren Niederschrift du dich gar nicht mehr erinnerst … Kassetten, die du als Kind aufgenommen hast … eine namenlose Telefonnummer auf einem Stück Papier.

Am Ende schmeißt du davon fast nichts weg, weil du Angst hast, es vielleicht noch mal zu brauchen. Du sortierst lieber andere Sachen aus, bis der Mülleimer so sehr überquillt, dass ein paar Papiere wieder herausfallen …

Aufräumen … Wenn du in deinem Zimmer klar Schiff machen sollst und am Ende alles unordentlicher ist als vorher …

Es gibt Zeiten, in denen man verliert, und Zeiten, in denen man gewinnt …

Etwas zu verlieren ist hart, selbst dann, wenn man es eigentlich gar nicht brauchte. Wichtig ist eben auch die Tatsache, dass es mal dir gehört hat, der Besitzaspekt. Und wenn du es verlierst, scheint es in dir eine Leere zu hinterlassen, völlige Leere …

Gewinnen ist auch nicht so einfach, weil du schon weißt, dass du früher oder später doch wieder alles verlieren wirst. Und dass Verlieren schwierig ist, hab ich dir ja schon gesagt.

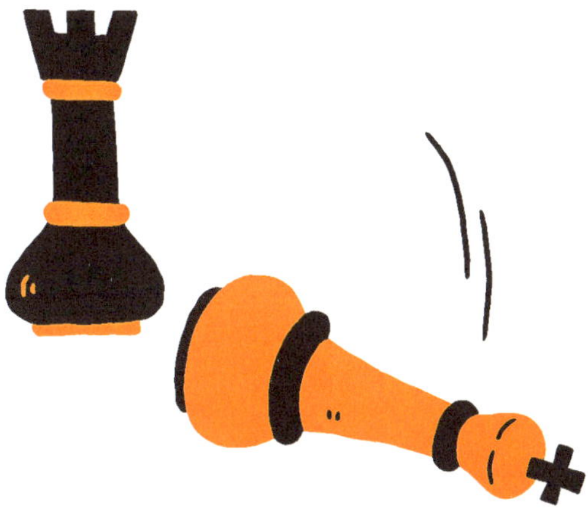

Die Momente, in denen ich über grundlegende Fragen nachdenke: Warum ist das passiert? Was tun wir hier? Welche Richtung hat mein Leben eingeschlagen?

Irgendwann habe ich endlich das Gefühl, dass mir die Antwort auf der Zunge liegt, dann scheint plötzlich jemand auf Control+Alt+Entf zu drücken, und auf einmal kann ich mich an nichts mehr erinnern.

Also frage ich mich schon wieder: Warum ist das passiert? Was tun wir hier? Welche Richtung hat mein Leben eingeschlagen?

Diese Nacht, in der du schluchzend im Bett liegst und irgendwann beschließt, dass jetzt nur noch Beten hilft.

Aber dieses Mal betest du nicht dafür, dass morgen die Sonne scheint, dass du eine Prüfung bestehst oder im Lotto gewinnst …

Du bittest nicht für dich selbst, sondern für einen anderen, und tief in deinem Inneren denkst du dir, dass dein Mangel an Glauben deiner Bitte vielleicht noch mehr Nachdruck verleiht.

Jener sonnige Morgen, an dem du einen schicken, aber kratzigen Anzug trägst und von allen Seiten hörst, wie kurz das Leben doch ist. Im Hintergrund siehst du einen Freund den unerwarteten Tod seines Vaters beweinen …

Und dann denkst du so bei dir, wie ätzend das Leben doch ist, wie viel wir noch sehen und lernen müssen, um verlieren und vergessen zu können …

Dein erstes Gedicht,
ohne Reime, mit einem winzigen
Bleistift auf eine Serviette gekritzelt.
Dieses Gedicht, das keinen Sinn
ergibt, aber den Tiefen deiner Seele
entsprungen ist.

Spüren, dass du nicht
haben kannst, was du willst. Fühlen,
dass du genau das willst, was du
nicht haben kannst. Begreifen,
dass du eben doch haben kannst,
was du willst …

Ihre Zärtlichkeiten auf
der Haut eines anderen fühlen, ihre
Küsse auf fremden Lippen riechen,
ihre Zunge an einem anderen
Gaumen spüren. Liebkosen, was von
ihren Zärtlichkeiten geblieben ist,
küssen, was von ihren Küssen noch
übrig ist, riechen, was noch von
ihrem Duft verweilt …

… das ist nicht krank oder irre oder
obsessiv, es ist nicht pervers, sondern
viel schlimmer … das ist Liebe.

Wisst ihr noch, wie das klingt, wenn eine Kassette gleich kaputtgehen wird? Zuerst wird die Musik plötzlich ganz schnell, und dann weißt du schon, dass das Ding in zwei oder drei Sekunden reißt …

Alles nimmt seinen gewohnten, gemächlichen Gang, nur diese Kassette dreht völlig durch …

Das Beste wäre an diesem Punkt natürlich, sie rauszunehmen, aber die Mutigen, die wirklich, wirklich Mutigen, lassen sie einfach in diesem Rhythmus, in diesem Tempo weiterlaufen … Die Feiglinge tun so, als würden sie nichts mitkriegen, und die Oberfeiglinge sind sogar dazu in der Lage, jetzt ein Mädchen zum Tanzen aufzufordern …

7 x 1 = 7

7 x 2 = 14

7 x 3, nein, sag jetzt nichts, warte … 30? Nein, verrat's mir nicht. Hey, warum hast du das gesagt? 21, das wusste ich doch!

Ja, die kann ich längst, die muss ich nicht noch mal wiederholen … ist gut … ich bin gleich wieder da.

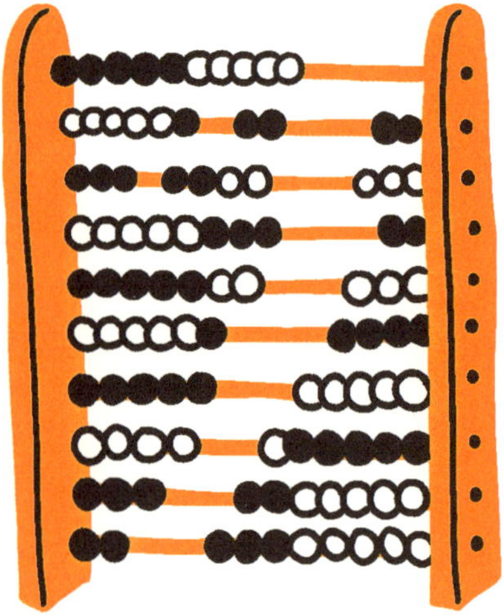

Diese Anekdote über dich
aus deiner Kindheit, die jeder
schon mal gehört hat. Die du längst
auswendig kennst, weil sie immer
zwei- oder dreimal erzählt wird, sodass
du sie vielleicht sogar hasst. Und die
verdächtig einem alten Foto
von dir ähnelt.

Das ist die Momentaufnahme,
das Standbild dieser Erinnerung.
Es wird sich nie in Bewegung setzen,
entspricht aber exakt dem Wortlaut
dieser Geschichte.

Der Tag, an dem man dir den
Haustürschlüssel überreicht.

Der erste Tag, an dem du damit die
Haustür aufschließt.

Der Tag, an dem du ihn verlierst.

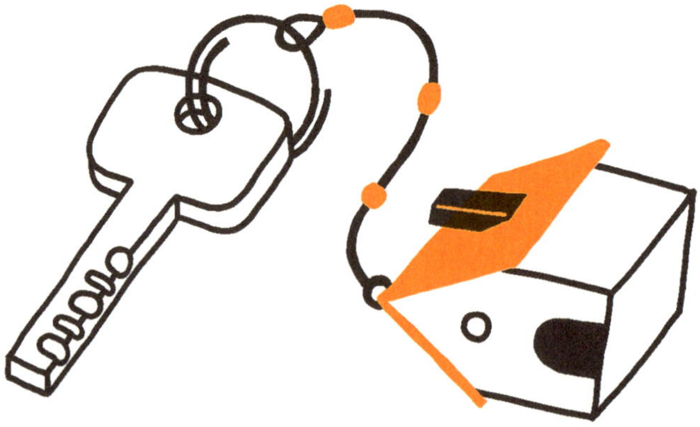

Die Zeit, als ich meinen Eltern noch Bescheid sagen musste, wenn ich spätabends endlich wieder zu Hause war.

Das muss ich inzwischen nicht mehr, im Rückblick fasziniert es mich aber, wie sehr sie sich damals um mich gesorgt haben.

Heute würde ich gern wieder jemandem Bescheid sagen, da ist aber niemand mehr, der sich solche Sorgen um mich macht.

Der Staub, der an den Fingern zurückgeblieben ist, wenn du mit den Händen Schmetterlinge gefangen hast. Wie du sie in dein Zimmer mitgenommen hast, um ihnen deine kleine Welt zu zeigen.

Diese schwarzen Würmer, die sich eingerollt haben, wenn du sie angefasst hast.

Irgendwie hast du dann nie mitbekommen, wie sie zu ihrer ursprünglichen Form zurückgekehrt sind.

Du wachst um drei Uhr morgens auf,
gehst barfuß ins Badezimmer,
ziehst das Schlafanzugoberteil aus,
machst die Augen zu
und dann wieder auf,
dir wird kalt,
du kehrst nackt in dein
Zimmer zurück,
machst das Licht aus
und schläfst endlich ein.

23
Inspirationen in Form von Empfehlungen, durch die ich mich lebendig fühle

Das sind nicht einfach nur Empfehlungen, sondern die süßen Scheren schlechthin.

Für mich sind diese 23 Inspirationen in Form von Musik, Bildern oder Fotos der Treibstoff meines Lebens.

Es sind meine 23 Lieblingsinspirationen in Form von Empfehlungen.

Ich hoffe, dass du deine eigenen danebenschreibst und mit mir teilst.

ATME SIE EIN.

Schuberts *Klaviertrio*
***Es-Dur op 100* (1827)**

Diese Musik löst jedes bedeutsame Problem im Leben.

***De Profundis* von Oscar Wilde (1897)**

Ein Buch, das den Schmerz heilt. Wenn dich die Schilderung fremden Schmerzes aus dem Jahr 1897 nach über hundert Jahren immer noch derart berührt, dann scheint dein eigener Schmerz fast wie durch Zauberhand zu verschwinden.

Good Will Hunting (1997) – Szene 1:49:09

Die »Du-kannst-nichts-dafür«-Unterhaltung zwischen Matt Damon und Robin Williams gehört einfach zu meinem Universum dazu. Sie hat eine ganz eigene Dynamik und beseitigt Zweifel, sodass ich auch zu gern darin leben würde.

Das Triton-Restaurant an der Straße von Torroella de Montgrí nach Palafrugell

In diesem Restaurant Miesmuscheln vom Grill zu essen hilft nicht nur gegen den Hunger, sondern auch gegen den Schmerz der Routine.

Der Plaza Santa Ana in Madrid

An diesem Platz steht das Teatro Español, und er pulsiert gerade so vor Bühnenkunst, Texten und großartigen Aufführungen. Er hilft dagegen, sich klein zu fühlen.

Ischia, Italien

Diese Insel riecht nach Kino, Visconti und dem talentierten Mr. Ripley. Man kann erahnen, dass sie wie gemacht ist für die Größe des menschlichen Verstandes. Sie heilt dich von der Sinnsuche.

Tod eines Handlungsreisenden
von Arthur Miller

Dieses Theaterstück spricht über alles, was im Leben wichtig ist. Über Suche und Enttäuschung. Über Träume und darüber, das zu akzeptieren, was man ist und was man hätte sein können. Darüber, sich selbst neu zu erfinden. Es heilt das Ego.

***Stand by Me – Das Geheimnis eines Sommers* (1986)**

Rob Reiner und Stephen King ist gelungen, einen Kinderfilm zu drehen, der zugleich eine Ode an das Bewusstsein des eigenen Todes ist. Ein absolutes Wunder. Wenn man ihn sich komplett anguckt, kann er jede Angst, jede Suche aus deiner Kindheit heilen.

Die Hüpffotos von Philippe Halsman

Dieser große Fotograf hat geglaubt, dass jeder Mensch beim Springen die Maske fallen lässt und seine wahre Persönlichkeit zeigt. Ich denke ja, dass man beim Springen die Person in uns erkennen kann. Halsmans Fotos helfen gegen Einsamkeit und Traurigkeit.

Der Soundtrack zu *Untreu* von Jan A. P. Kaczmarek

Diese Filmmusik trägt einen Zauber in sich, der nur schwer zu erklären ist. Sie nimmt dich mit, entführt dich in eine bessere Welt. Aber du solltest dich nicht nur auf dieses Album beschränken, hör dir alle Filmarbeiten des Komponisten an, sie werden den Durst der Suche stillen.

Das Dreieck am Stadion des FC Barcelona

Das geografische Dreieck zwischen dem Camp Nou, der Fußballakademie La Masía und der benachbarten Leichenhalle finde ich einfach toll, weil sich dort alle Emotionen des Lebens abspielen. Tod und Leben vermischen sich, wenn man am Sonntagmorgen Trauergäste von einer Beerdigung kommen sieht und an derselben Stelle dann am Abend fröhliche Barça-Fans anreisen. Hier zeigt sich das Leben mit all seinen Kontrasten.

William Wyler

Sich seine Filmografie in chronologischer Reihenfolge anzusehen ist ein Vergnügen für alle Sinne und Ängste.

***Modern Love* von David Bowie**

Dieses Lied ist Leben, Liebe, Sex, Leben, Gefühle. Eben einfach Bowie. Hör es dir an und genieß es. Wenn du dir danach noch den Film *Die Nacht ist jung* von Leos Carax anschaust, kannst du die Dreidimensionalität des Songs bewundern.

Septiembre del 88 von Cacho Castaña

Dieses Lied ist pure Hoffnung, Cacho verwandelt es nach und nach in eine Hymne des Optimismus.

Der Club der toten Dichter (1989), Szene 11:11

Die »Carpe-diem«-Szene ist Kino in seiner Reinform, aber dieses Werk ist nicht einfach nur ein Film, es ist der Aufschrei einer ganzen Generation. Dieser Film wird dich von der Ewigkeit heilen.

Dienstags bei Morrie **von Mitch Albom**

Das erste Buch, das mein Leben verändert hat, deshalb hab ich es auch schon hundertmal verschenkt. Meiner Meinung nach erklärt es uns perfekt ein Leben ohne Angst vor dem, was die anderen denken.

Wörter, die auf der letzten Silbe betont werden

Wörter mit ungewöhnlicher Betonung haben mich von klein auf mit der Welt verbunden. Sie helfen gegen die Stille.

Wislawa Szymborska

Die Grande Dame. Ich lese jeden Abend eins ihrer Gedichte und spüre, wie nah mir ihre Wunder sind. Unter ihren Texten ist kein einziger, der nicht meine Speiseröhre berührt, bei dem ich mich nicht vor Glück verrenke. Sie ist und bleibt die beste Dichterin der Welt. Such diese Tiger, die Milch trinken, und lass dich von ihnen erfüllen.

***Der Schwimmer* (1968)**

Sowohl in der Kurzgeschichte von John Cheever als auch im Film mit Burt Lancaster in der Hauptrolle geht es um dasselbe Thema: um den Irrsinn, genau das zu tun, was du im Leben als notwendig empfindest.

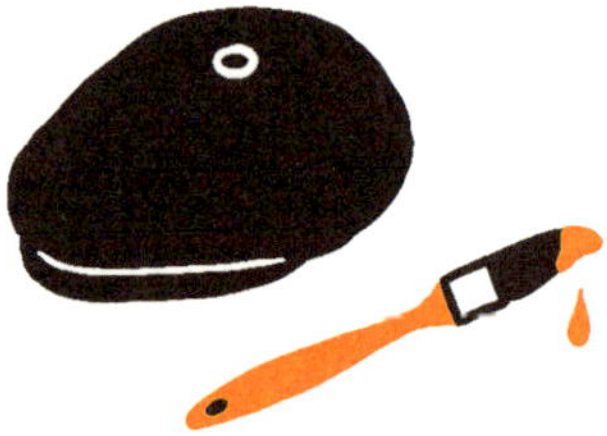

***La Vie* von Picasso (1903)**

Auf dem bedeutenden Gemälde seiner Blauen Phase geht es um Liebe in jeder nur erdenklichen Form. Weil es in Cleveland hing, hatte ich eigentlich gedacht, dass ich dieses Bild aus dem Jahr 1903 nie zu Gesicht bekäme. Aber 2013 konnte ich es dann endlich in Barcelona bewundern. Dieses Bild ist zu mir gekommen. Es ist Leben. Mehr gibt es dazu nicht zu sagen.

***Kind mit Marionette* (1995)**

Dieses Foto vom Kuss zwischen einem Kind und einem Frosch aus Stoff habe ich in Barcelona auf der Rambla geschossen und werde es wohl bis ans Ende meines Lebens aufbewahren. Ich glaube, da hab ich einen im Leben, auf dieser Welt einzigartigen Moment festgehalten, ein Fragment, eine Wahrheit, die wir nicht vergessen sollten. Ihr könnt das Foto auf meiner Webseite suchen oder mich darum bitten, es euch zu zeigen. Oder vielleicht stellt ihr es euch einfach vor, was ja auch nicht schlecht ist.

Der Kleine Prinz von Antoine de Saint-Exupéry (1943)

Das Wesentliche ist für die Augen unsichtbar. Frag dich deshalb beim Lesen dieses wunderbaren Textes, warum er dir eigentlich gefällt. Das hat nämlich nichts mit dem zu tun, was du liest, sondern damit, was er in dir hinterlässt.

Joan Manuel Serrat und Joaquín Sabina

Weil mein Vater die schon gehört hat, weil ihnen der Geruch der Autoreisen meiner Kindheit anhaftet. Weil sie echt sind und das Lied *Cartón piedra* für mich wahre Kunst ist, eine Ode an die freie Liebe.

Nachwort

Das letzte Ausatmen

Ich hoffe, du hast sie eingeatmet, diese drei Kapitel über das Glück, das Leben auf dieser Welt und die süßen Scheren.

Ich möchte dieses Buch über die roten Geheimnisse, die dir noch nie jemand verraten hat, eigentlich nicht ohne ein paar Worte über den letzten Atemzug beenden.

Über den Tag, an dem wir sterben werden.

Ich habe ja schon erklärt, dass Sterben nicht traurig ist. Traurig ist nur, wenn man es nicht schafft, jeden Tag intensiv zu leben.

Uns alle wird einst der Tod ereilen, irgendwann ist es zu Ende. Für mich ist dieser Moment gar nicht traurig.

Ich habe auch schon von meinem Vater und dem Abschied von ihm erzählt. Aber das war eigentlich kein Verlust, weil ich ihn ja nicht verloren habe. Stattdessen haben wir ihn unter den Menschen aufgeteilt, die ihn geliebt haben, damit sich sein Leben ins uns vervielfältigt.

Außerdem sollte ich auch noch erwähnen, dass du beim letzten Ausatmen all das wieder freisetzen wirst, was du eingeatmet hast.

Und der da drin, dieser andere, den du gehegt und gepflegt hast, diese innere Stimme, mit der du jeden Tag gesprochen hast, dieses innere Ich wird für dich weitermachen.

Ja, wenn du stirbst, wird er weiterleben, er wird deinen Weg mit dem fortsetzen, was du ihm beigebracht hast, mit allem, was du erreicht hast. Durch die ganzen Informationen, die du mit ihm geteilt hast, wird er niemals Angst haben.

Völliges Glück besteht darin, bei deinem Tod die Dinge loszulassen, die du eingeatmet hast, sie mit deinem inneren Ich gehen zu lassen, damit es weitermachen und weiterleben kann.

Je mehr du einatmest, desto besser wirst du auf diesen letzten Atemzug vorbereitet sein, auf das endgültige Loslassen.

Hab keine Angst, dir kann ja eigentlich egal sein, welchen Weg der andere wählt, welche Richtung er einschlägt. Du wirst dich nämlich in den da drin verwandeln und mit ihm gehen.

Du brauchst dich nicht zu fürchten, schließlich hattest du ein ganzes Leben Zeit, ihn zu unterweisen und von ihm zu lernen.

Atme aus und schick die Weisheit und die Inspirationen hinaus, die du ihm geschenkt hast.

Und deshalb musst du den anderen gut pflegen, täglich mit ihm sprechen und jeden Tag ganz bewusst leben.

Erinnre dich, atme ein, lupfe und sei glücklich.

Und wenn du dann zum letzten Mal ausatmest, wirst du andere inspirieren.

Gut, nun möchte ich hier nicht Schluss machen, ohne euch allen noch einen Wunsch mit auf den Weg zu geben, den ich in den folgenden Zeilen zusammenfasse:

Ich hoffe, dass ihr mit
dem Buch Spaß hattet,
dass ihr tief eingeatmet habt,
euch verändert habt,
Dinge gespürt habt,
euch jetzt anders fühlt.

Danke,
dass ihr hier seid,
dass ihr diese Welt mit mir teilt,
dass ihr euch in Lupfer verwandelt,
dass ihr mit eurem inneren
Ich sprecht,
dass ihr jeden Tag lebt.

ALBERT

Und denkt daran:
Ihr habt schon genug gelebt,
jetzt heißt es genießen.

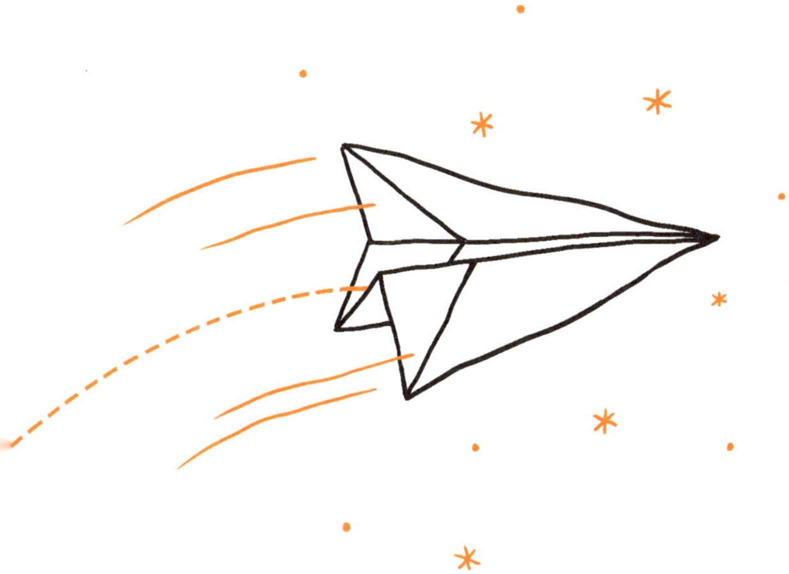